Uwe Pollmann

Keine Zeit – kein Spiel

Kindheit im Armenhaus
Lateinamerikas

Verlag Jugend & Politik

CIP-Kurztitelaufnahme der Deutschen Bibliothek

Pollmann, Uwe:
Keine Zeit – kein Spiel : Kindheit im Armenhaus
Lateinamerikas / Uwe Pollmann. – Reinheim:
Verlag Jugend u. Politik, 1984
    ISBN 3-88203-102-6

Der Autor

Uwe Pollmann, geboren 1959. Student der Soziologie an der Universität Bielefeld. Von 1982 bis 1983 mit Hilfe eines DAAD-Stipendiums einjähriger Studienaufenthalt an der Universidade Federal de Pernambuco in Recife. Mitarbeit in einer katholischen Jugendgruppe, die in den Elendsvierteln Basisarbeit leistet.

© 1984 Verlag Jugend & Politik
        Forstbergstraße 7
        6107 Reinheim 2

        Umschlagfoto: Uwe Pollmann
        Umschlaggestaltung: Wolfgang Rudelius

        Satz: Focus Verlag, Gießen
        Druck: Fuldaer Verlagsanstalt, Fulda

        ISBN 3-88203-102-6

Inhalt

Einleitung

Sechs Uhr abends. Rush-hour in Recife. Die Sonne ist gerade untergegangen und hinterläßt noch für kurze Zeit ein herrliches Abendrot. Die erleuchteten Geschäfte und Reklamen im Zentrum der nordostbrasilianischen Zweimillionenstadt erinnern an europäische Großstädte. Die Auslagen in den Läden und Kaufhäusern sind gefüllt mit den neuen Sommermoden und, jetzt in der Vorweihnachtszeit, geziert mit Sternchen und Kunststoffschnee. Dabei kann sich kaum ein Brasilianer vorstellen, was Schnee ist.

In den lojas americanas wird Jingle Bells gespielt; aus einem Plattenladen dröhnt die letzte Scheibe des brasilianischen Schnulzenkönigs Roberto Carlos. Das amerikanische Kaufhaus ist noch rappelvoll: Glitzerwelt zu Preisen, die den Großteil der Bevölkerung ausschließen. In einer Boutique neben einer der unzähligen modernen und gutbewachten Banken tummeln sich die letzten Gäste auf der Suche nach einer passenden Strandbekleidung für die Weihnachtstage. Ein paar Schritte weiter der Friseursalon, der Fotoshop, Parfümerien, Eiscafés ... die Stadt bietet alles, was das Herz begehrt.

Sechs Uhr abends. Rush-hour in Recife. Menschenmassen kämpfen sich durch die Straßen der Innenstadt, Omnibusse reihen sich an den Bushaltestellen und immer mehr Leute drängen sich in die schon vollen Busse. Noch immer stehen die kleinen Verkäufer mit ihren Klapptischen auf den Bürgersteigen und warten auf die letzten Einnahmen. Frauen, Männer und Kinder verkaufen auf improvisierten Ständen ein paar Beutel Früchte, Süßigkeiten, Kugelschreiber, bieten Eis an oder einen cafezinho, den starken, meist übermäßig süßen Kaffee, den der Brasilianer als beliebtes Getränk mehrmals am Tag zu sich nimmt. An dem Stand eines kleinen Jungen geht ein

Mann mit Aktenkoffer vorbei und schnappt sich ein paar Erdnüsse von der Auslage, die auf einer Apfelsinenkiste steht. Der Junge protestiert, aber der Mann im Anzug geht arrogant weiter, verzieht keine Miene.

Bei dem Verkehrsgewühl auf der Conde da Boa Vista, der Hauptverkehrsstraße der City, versuchen drei Kinder mit ihren großen Holzkarren die andere Seite zu erreichen. Auf dem Mittelstreifen machen sie halt, um zwischen den haltenden und anfahrenden Autos eine Lücke zu finden. Als die Straße für einen Augenblick frei ist, schleppen sie die mit Autorädern versehenen und mit Papier und Pappe gefüllten Ziehkarren an einige Mülleimer eines Kaufhauses und fischen sich die letzten Papierreste aus dem Abfall.

Ein paar Schritte weiter wühlt eine Frau mit ihrem Kind in den Resten einer Restaurantküche. Das, was noch gut ist oder eßbar erscheint, verschwindet in der Tüte, die neben ihr steht.

Krasse Kontraste in einer Stadt, in der von ihren 2,5 Millionen Einwohnern über die Hälfte nur in Elendsvierteln unterkommt. Wie die Millionenstädte Fortaleza und Salvador liegt Recife in einer Region, die zu den notleidensten auf der Welt gehört. Nordostbrasilien ist das Armenhaus Lateinamerikas.

Von den 130 Millionen Brasilianern leben dort 35 Millionen, die aber nur knapp ein Zehntel des gesamten brasilianischen Einkommens erwirtschaften. 78 Prozent der Bevölkerung Nordostbrasiliens sind arbeitslos, unterbeschäftigt und leben vom „biscate", von Gelegenheitsjobs. Weit über zehn Millionen Kinder leiden an Hunger, und die Kindersterblichkeitsraten mancher Teile der Region gehören zu den höchsten der Welt. Der durchschnittliche Kalorienverbrauch liegt noch niedriger als in Bangladesh oder im bettelarmen Haiti. Selbst im mittelamerikanischen Inselstaat, der als das ärmste Land der westlichen Welt gilt, ist die Lebenserwartung mit 52 Jahren noch höher als in Nordostbrasilien, wo sie unter 40 Jahren bleibt. Vor vier Jahrhunderten war der Nordosten das wirtschaftliche Zentrum der damaligen portugiesischen Kolonie Brasilien. Das Zuckerrohr sollte die Kassen des Mutterlandes füllen. Mit Hilfe afrikanischer Sklaven wurden die Plantagen bewirtschaftet. Später verlagerte sich das Zentrum immer weiter in den Süden. Im 17. Jahrhundert wurde Salvador die erste Hauptstadt der Kolonie. 1763 übernahm Rio de Janeiro die wirtschaftliche und politische Führungsrolle, und im Laufe der Geschichte entwickelte sich der Süden des Landes zum Wirtschaftszentrum Brasiliens, beherrscht und angeführt von internationalen Konzernen. Der Nordosten wird zum lästigen Anhängsel.

Mit den folgenden Erzählungen will ich einiges vom Kinderalltag aus dieser Region vermitteln, wie ihn Millionen von Jungen und Mädchen in diesem Land erleben, durchmachen müssen oder teilnahmslos über sich ergehen lassen.

Für mich fing alles in einer Favela in Recife an, dort, wo es für viele Kinder aufhört …

Die Kinderarbeiter aus der Vila do Apulso sind vielseitig

Am Rande eines reicheren Stadtviertels in Recife liegt die Vila do Apulso. Der Name der am Flußufer des dreckigen Rio Capibaribe entstandenen Favela drückt Widerstand, Stärke und Energie aus: „Apulso". Vivendo apulso, sagen die hier lebenden Menschen; gegen den Tod kämpfen! Überlebenswillen von vielleicht zehntausend, die auf dem kleinen Landflecken, der ursprünglich der Marine gehörte und vor zehn Jahren von Wohnungssuchenden besetzt wurde, heute keinen Platz mehr finden. Die Favela platzt aus ihren Nähten: eine Barackeninvasion entlang der Abwässergräben bis mitten in das nahe gelegene Stadtviertel Cordeiro. Eng an eng stehen die zusammengeflickten löchrigen Hütten auf Erde, Lehm oder Matsch. Wer Geld hat, kann sich einen dünnen Zementboden leisten oder das aus Wellblech, Holz oder Plastikplanen zusammengeschusterte Dach erneuern. Für die Regenzeit ist beides wichtig: ein gutes Dach und ein fester Boden. Jedes Jahr wird die Vila do Apulso wenigstens einmal in der Zeitung genannt. Und zwar dann, wenn der Rio Capibaribe durch die anhaltenden Regengüsse mal wieder über die Ufer getreten ist und viele Hütten in der Favela überschwemmt hat.

Am Eingang des Elendsviertels liegen drei Altmaterialdepots mit Bergen von Glas, Alteisen oder Pappe. Vor ihnen stehen große, mit Autoreifen versehene zweirädrige Handkarren. In einem kleinen Häuschen eines der Depots sind der Besitzer, ein weiterer Mann und zwei Kinder dabei, Pappe in große Haufen zu bündeln. Ein Mann und ein Junge bringen einen Karren voll mit Zeitungen, Pappe und Papierfetzen. Der Ertrag ihrer Arbeit wird auf einer Waage abgewogen und gleich ausgezahlt. Dann wird das gerade Herangekarrte ebenfalls gebunden und in eine Ecke zu anderen Bündeln geschafft.

„Morgen kommt der Lastwagen von der Fabrik und holt alles ab", sagt mir einer der vier. „Dann wird das Ganze wieder zu Papier und Pappe verarbeitet." Recycling, wie es bei uns so schön genannt wird. Von den Vorarbeiten für diese Wiederverwertung leben hier viele Menschen, die keiner geregelten Beschäftigung mehr nachgehen können, weil es keine Arbeit für sie gibt. Darum verdingen sie sich im nicht-formellen Bereich der Wirtschaft, beschäftigen sich sozusagen selbst.

Formell arbeitslos, leisten sie die Vorarbeiten für die Industrie. Die Belohnung ist gering. „Um trocadinho", ein bißchen Kleingeld, sagen die Menschen, „um zu überleben". Für eines der Depots am Rande der Favela sammeln auch der dreizehnjährige Joselito und der

neunjährige Adriano, zwei der Jungen, die ich in der Vila do Apulso kennenlerne und die auf vielseitige Art und Weise zum Lebensunterhalt der Familie beitragen müssen. Eines Tages frage ich die beiden, ob sie Lust haben, mir etwas von ihrer Arbeit zu erzählen. „Sofort", antwortet Joselito gespannt.

Wir verabreden uns für den nächsten Nachmittag, und als ich mit meinem Kassettenrekorder auftauche, ist er ganz begeistert. Ich sitze mit einer Gruppe von fünf Jungen zusammen, alle kennen sie die Arbeit des Karrenziehers aus eigener Erfahrung.

Joselito fängt an zu erzählen, erst noch etwas unsicher: „Ich sammle altes Eisen. Ich hole mir einen Karren und streife durch den Müll. Ich suche altes Eisen, Töpfe, Pfan-
Joselito fängt an zu erzählen, erst noch etwas unsicher: „Ich sammle altes Eisen. Ich hole mir einen Karren und streife durch den Müll. Ich suche altes Eisen, Töpfe, Pfannen, ich sammle alles. Ja, und danach bringe ich den Karren zurück und verkaufe die Sachen. Und das, was wir verdienen, geben wir unserer Mutter."

„Was sammelst du?" frage ich Adriano.

„Aluminium, Metall, kaputte Töpfe und Pfannen, Zeitungen, Zeitschriften. Wir gehen hier in der Gegend herum und verkaufen es dort beim Depot."

„Was ist besser, Eisen oder Papier?"

„Alteisen ist besser", sagt er entschieden.

„Wieviel bringt das?"

„Ein Kilo Eisen gibt elf Cruzeiros und Aluminium hundert Cruzeiros", antwortet der Junge, der nicht lesen und schreiben kann, aber wie viele andere hier das Rechnen bei der Arbeit lernt.

„Hast du einen eigenen Karren?"

„Nein, ich hab keinen Karren. Den holen wir vom Depot. Wir bitten den Mann dort, der läßt uns einen, und dann gehen wir auf die Straße."

„Seit wann arbeitest du?"

„Ich habe mit acht Jahren angefangen."

„Und wie ist die Arbeit so?" frage ich die Jungen.

„Alteisen zu ergattern ist manchmal schwer", schaltet sich Joselito ein und fängt an, mir über die Schwierigkeiten seines Arbeitsalltags zu erzählen.

„Manchmal finde ich gar nichts. Aber es gibt auch Leute, die mir viel Alteisen geben. Dann verdiene ich viel. Doch dann gibt es Tage, an denen ich überhaupt nichts verdiene. Ich gehe los, hole mir nur ein wenig Schrott zusammen, bringe es her und verkaufe es hier. Jeden Tag in der Woche gehe ich los. Gestern war ich dort in der Werkstatt und habe saubergemacht, und sie haben mir vier Batterien gegeben. Ich habe sie hergebracht. Der Karren war ziemlich schwer, aber ich habe sie hergebracht, verkauft und einiges an Geld eingenommen. Die Arbeit ist manchmal schwer, manchmal ganz gut. Manchmal trägt man schweres Eisen, manchmal leichtes. So ist das. Es ist eine Zeit her, da haben wir einen Haufen Dachziegel irgendwo weggeräumt. Wir haben alles saubergemacht. Dafür hat man uns einigen Schrott gegeben, der ganz schön schwer war. Ganz schön schwer, so daß wir es kaum schafften, ihn zu schleppen. Du, wir haben ihn geschleppt, aber mit aller Kraft. An jeder Ecke, an die wir kamen, haben wir angehalten. An jeder Ecke."

„Wie ist das mit dem Karren auf der Straße? Ist das nicht gefährlich?" frage ich und denke dabei an die Rücksichtslosigkeit der brasilianischen Autofahrer, die keine Grenzen kennt.

„Das ist es manchmal. Wenn wir auf der Gegenfahrbahn gehen, dann ist es gefährlich, weil die Autos fast den Karren umfahren. Aber das halten wir aus. Es ist schwer, wenn wir manchmal die Straße überqueren. Und hin und wieder bekommt der Reifen einen Platten, dann müssen wir das ganze Gewicht schleppen. Nun, wir liefern den Karren ab, nehmen einen anderen und gehen wieder los."

„Machst du jeden Tag etwas?" frage ich Joselito weiter.

„Jeden Tag. Jeden Tag." Er sagt das mit Nachdruck.

„Und wieviel verdienst du?"

„Nun, ich verdiene so fünfhundert, sechshundert."

Umgerechnet sind das etwa sechs oder sieben Mark, die der Junge aber auf keinen Fall immer hat, wie er hinzufügt.

„Was machst du am Samstag und am Sonntag? Arbeitest du dann auch?"

„Na klar! Ich passe auf Autos auf."

Am Wochenende finden sich die Jungen an einer Kirche fünfhundert Meter entfernt ein und bitten die Kirchgänger um Geld für ihre Aufpaßdienste. Die Kinder wissen, daß die Menschen vor der Kirche schneller das Geld locker machen als sonstwo.

Adriano und Joselito

„Ich nehme so zweihundert ein oder dreihundert. Manchmal ist es weniger, und manchmal nehme ich überhaupt nichts ein. Samstags, und sonntags genauso. Die gleiche Sache."

„Hast du Lust zu arbeiten, Joselito?"

„Ich würde gerne zur Schule gehen und auch arbeiten, nicht wahr!"

„Wann hast du angefangen zu arbeiten?"

„Als mein Vater krank wurde."

„Wann war das?"

„Das ist schon fünf Jahre her. Mein Vater wurde krank, und genau von da an mußte ich arbeiten. Zu der Zeit bin ich losgegangen, ich und mein Bruder, mit einem Sack, um Papier zu sammeln. Wir haben einen Haufen Papier gesammelt und es angehäuft und angehäuft und angehäuft, und am Samstag haben wir es verkauft."

Der Junge erzählt von der Rackerei, die sie damals durchmachten, und von dem bißchen Lohn, den sie dafür bekamen. Ich will wissen, wie das heute ist.

„Nun, ich gehe so um sechs Uhr, sieben Uhr los und komme so um zwölf oder auch zwei Uhr wieder. Aber hin und wieder komme ich später zurück, drei Uhr, vier Uhr oder so. Ich ziehe mit dem Karren so lange los, bis ich Geld ranschaffe. Und auch wenn es nur für ein wenig Kleingeld reicht, um es meiner Mutter zu geben."

„Und was machst du nachmittags, wenn du früher heimkommst?"

„Manchmal gehe ich zum Flußufer und fange Krebse. Und manchmal gibt's Tage, da hole ich mir einen Haufen Dosen, mache Rattenfallen und stelle sie dort auf."

Ich sehe Joselito fragend an, und gleich legt er los, mir zu erklären, wie das geht: Krebse fangen.

„Ich nehme mir eine Dose, mache ein Loch und lege ein Keks rein. So mache ich die Rattenfalle, mit der ich die Krebse fange."

13

„Rateiro", Rattenfalle, so nennen es die Kinder. Joselito hält eine Falle in der Hand und erklärt mir den Mechanismus. In eine alte aus dem Müll gesuchte Konservendose ist ein Loch in den Boden gebohrt. Der Köder wird durch das Loch mit einer einfachen, aber spitzfindigen Konstruktion verbunden, die den Deckel der Konserve zuschnappen läßt, sobald der Krebs am Köder zieht. Alle Dinge, die zum Bauen dieser Falle notwendig sind, haben die Jungen sich aus Abfällen zusammengesucht: ein dünner Holzsteg, der doppelt so lang ist wie die Dose und am Deckel angebracht wird; ein Gummiband, das den „rateiro" zuschnappen läßt; ein paar kleine Hölzer und ein bißchen Draht, um die Falle zu spannen.

„Jeden Tag lege ich die Fallen aus", fährt Joselito fort. „Wenn es so um sechs Uhr ist, gehe ich hin zum Gucken. Die, die gefangen sind, nehme ich raus und lege sie in einen Eimer und stelle die Fallen nochmal. Wenn ich dann wiederkomme, sind so zwei, drei gefangen. Die bringe ich dann nach Hause. Da mache ich die Fallen wieder fertig. Ja, und danach nehme ich die Krebse und verkaufe sie und gebe das Geld meiner Mutter."

„Wem verkaufst du sie?"

„Den anderen hier. Wer sie kaufen will …"

Mehrere Kinder aus der Vila do Apulso gehen ans Flußufer des an Haushalts- und vor allem Industrieabwässern verelendenden Rio Capibaribe und fangen sich so ihre „gaiamum", wie sie sie nennen, ihre Krebse. Ich wundere mich, daß in dem besonders von der Zuckerindustrie verschmutzten Fluß überhaupt noch Leben existiert. Doch selbst der Gestank hält die Kinder der am Flußufer liegenden Favelas nicht davon ab, sich in dem Wasser nach Herzenslust zu tummeln.

Es gibt ein besonderes Spiel unter den „gaiamum"-Fängern, das ich kennenlerne, als mich ein paar Tage später der elfjährige Everaldo zum Fallenstellen mitnimmt. Auf dem Weg zum Fluß schlägt ihm ein entgegenkommender Junge seine „rateiros" listig aus den Händen. Beide stehen sich gegenüber, die vier abgeschlagenen, zu Fallen umgearbeiteten Dosen in der Mitte, und reden miteinander. Zwei Dosen hält Everaldo noch in der Hand. Alexandre, der andere Junge, gibt sich gelassen und klopft mit einem Stock ein bißchen gegen die Blechdosen. Everaldo wird ungeduldig, und verärgert sagt er: „Nun mach schon! Fang an!"

Alexandre gibt ihm den Stock herüber, stellt sich wieder gelassen auf die andere Seite und, blitzschnell, packt er sich eine der Dosen. Everaldo hat nicht aufgepaßt und reagiert zu langsam. Er konnte Alexandre nicht „abschlagen", denn das hätte ihm seine Fallen gerettet, wie die Jungen erzählen. Auch die restlichen auf dem Boden liegenden Dosen verliert er an Alexandre, der jetzt wieder vier besitzt. Alle, die er hatte, meint er, wären ihm ebenfalls so verloren gegangen.

„Hin und wieder ist es eben erlaubt, dem anderen seine ‚rateiros' abzuluchsen", so erzählen mir die beiden Jungen. Und zwar dann, wenn einer nach Meinung des anderen zu viele besitzt, zu viele angehäuft hat. Nur die werden angegriffen, von denen man das weiß. Anscheinend war Everaldo also in den letzten Tagen mit derartig vielen Dosen herumgelaufen, oder hatte zu viele am Fluß ausgelegt. Das mußte einfach schiefgehen. Zwar lägen noch einige „rateiros" zu Hause, aber für diesen Tag hat er erstmal genug.

„Ich hab keine Lust mehr, hab die Schnauze voll", sagt er sauer.

Wie Joselito und Adriano geht auch Everaldo nicht zur Schule.

„Ich war schon. Aber nicht lange. Nur einen Monat."

„Warum?"

„Weil die Lehrerin so blöd war. Ich mochte die nicht. Die war blöd. Immer, wenn wir was falsch machten, hat sie uns ausgeschimpft. Sie wollte, daß wir was falsch machten. Ich war schon zweimal in der Schule und habe nichts gelernt."

„Was arbeitest du eigentlich sonst so, Everaldo?" frage ich den Elfjährigen, der so schmal und klein ist wie ein Sieben- oder Achtjähriger.

„Zuerst einmal passe ich auf Kühe auf. Ich verdiene damit so tausend Cruzeiros in der Woche."

Neben der Favela liegt ein großes, eingezäuntes Gelände — eingezäunt von der Stadtverwaltung, damit keine weiteren Landbesetzungen durch die immer größer werdende Masse der Armen stattfinden. Falls dies dennoch passiert, schreitet die Polizei rigoros und kaltblütig ein und vertreibt die nach Unterkunft Suchenden. Auf diesem Gelände hütet Everaldo die Kühe eines Mannes aus dem nahe gelegenen Stadtviertel, wie er mir sagt.

„Als es mal eine Zeitlang nichts gab, habe ich angefangen den Karren zu ziehen", fährt er fort, ohne mir genauer sagen zu können, wieviel Tage oder Wochen er ausgesetzt hat. Zeit ist für Kinderarbeiter wie Everaldo nicht besonders wichtig. Freie Zeit hat er nicht, er arbeitet immer, mal hier, mal dort. Sprunghaft und verwirrend berichtet er von seinen vielseitigen Beschäftigungen.

„Das habe ich eine Zeit gemacht. Das war ganz gut. Danach habe ich wieder angefangen, die Kühe zu hüten, für den gleichen Mann. Tausend Cruzeiros verdiente ich in der Woche, und ich bekam zwei Liter Milch dazu. Als ich dann wieder bei dem Mann aufhörte, habe ich von neuem angefangen, den Karren zu schieben, zusammen mit Joselito. Ich muß das machen. Ja, und jeden Samstag und Sonntag gehe ich zur Kirche, Autos bewachen. Manchmal kriege ich zweihundert, dreihundert. Letzten Samstag habe ich zweihundertfünfzig eingenommen."

„Und wie läuft dein Arbeitstag gewöhnlich ab?"

„Mein Arbeitstag?" überlegt er kurz. „Nun, ich laß die Kühe um fünf Uhr raus, treibe sie hier auf dieses Stück Land, lasse sie erstmal dort und bleibe da an der Pforte.

Um zwei, halb drei hole ich sie wieder, gebe ihnen Wasser, und um vier bringe ich sie zurück, schneide noch ein biß- chen Gras für sie und mische das mit was anderem. Ein Gemisch, damit sie stark bleiben. Am anderen Tag lasse ich sie wieder um fünf raus, gebe ihnen gleich Wasser. Ganz früh gebe ich ihnen Wasser, komme zurück, trinke Kaffee und gehe dann wieder aufs Vieh aufpassen."

Everaldo und Adriano

17

„Und wie ist dein Arbeitstag auf der Straße?"

„Um sechs Uhr, manchmal später, gehe ich los, und so um Mittag herum komme ich zurück. Ich frage die Leute: ‚Haben Sie altes Eisen?' Es gibt oft Leute, die was haben, aber manchmal gibt es auch viele, die nichts haben. Kaputte Töpfe, Aluminium, alles das hole ich mir auf der Straße zusammen. Ja, und es gibt viele, die eben nur Glas haben. Aber keiner will Glas, Mann! Keiner will Glas für zwei Cruzeiros. Gefragt ist Eisen, Aluminium, Kupfer, Metall! Manchmal gehe ich alleine los. Wenn ich alleine bin, verdiene ich mal zweihundertfünfzig, mal hundert. Wenn ich ziemlich faul bin, verdiene ich hundert, wenn ich mich ranhalte, zweihundertfünfzig."

Auch Everaldo frage ich wie alle Karrenzieher, die ich antreffe, ob es auf der Straße nicht sehr gefährlich sei, und wie viele antwortet er mir schnell und erbost:

„Ja, das ist es. Hin und wieder, wenn die Ampel rot ist, gehe ich über die Straße, und wenn es dann grün wird, dann schreien die Autofahrer: Weg da vorne, du ‚maloqueiro' (Strolch). Aber ich antworte da nicht drauf. Ich bin schon oft auf der Straße ‚maloqueiro' gerufen worden."

Ein Gespräch mit Dona Júlia

Vor einem teuren Clubhaus im Stadtviertel Torre treffe ich den zwölfjährigen Paulo und seinen elfjährigen Freund Sebastião. Beide passen auf die Autos auf, die hier tagtäglich stehen. Dicke hohe Mauern umgeben die Sportanlagen, auf denen die noblen Herren sich nach Feierabend vergnügen, um danach mit ihrer weiblichen Begleitung einen kleinen Cocktail oder einen Drink in der Clubbar zu nehmen. Es herrschen klare Verhältnisse: Wer durch das Bogentor am Eingang will, muß schon viel Geld haben. Damit Unerwünschte weder reinkommen noch reinschauen, hat man die Mauern über zwei Meter hoch gezogen und dazu oben auf den First Scherben in den Putz gesetzt. Nicht wenige Brasilianer schützen so ihre Reichtümer. Man kann aber auch ganz auf Nummer Sicher gehen und sich einen „vigilante" besorgen, einen Wächter, für den nicht viel zu bezahlen ist. Wächter sind in Brasilien überall zu sehen, in und vor den Fabriken, den Supermärkten, Läden oder Autogeschäften, am Eingang der Appartementhäuser, vor den Toren der Villen und sogar auf freien Geländen, die vor neuen Landbesetzungen der „favelados" zu schützen sind. Man sieht sie überall da, wo etwas zu beschützen ist. „Vigilantes" bekommt man für hundert oder zweihundert Mark, je nachdem, was sie bewachen müssen. In der Regel arbeiten sie an sechs oder sieben Tagen in der Woche zwölf Stunden: eine Woche tagsüber, die andere nachts.

Auch der Club in Torre hat einen „vigilante", vielleicht sogar mehr, aber das weiß ich nicht. Daß der Mann nicht aus guten Verhältnissen kommt, ist anzunehmen. Was mag er denken über die Gepflogenheiten der Reichen in ihren „Vergnügungsparks"? Beim Eintreten wirft man den Wächtern einen kurzen Blick zu und begrüßt sie mit einem heuchlerischen „Como vai, Pedro?" oder „Tudo bem, João?", wie geht's, alles klar? Beim Verlassen springt vielleicht hin und wieder ein Fünfer oder Zehner raus, damit alles so familiär bleibt, wie die Damen und Herren es sich wünschen.

Draußen an den Autos stehen Paulo und Sebastião. Sie werden nicht gesehen, nicht beachtet. Man ignoriert sie einfach, als gäbe es sie nicht. Aber trotzdem erhalten sie ein kleines Almosen dafür, daß sie auf die schicken Wagen aufgepaßt und dem einen oder anderen die Scheiben oder auch das ganze Auto geputzt haben.

Aber für Paulo und Sebastião sind die paar Cruzeiros, die sie sich damit verdienen, nicht das lächerliche Almosen, das die Autobesitzer locker aus dem Fenster reichen. Für die beiden Jungen ist das Geld lebenswichtig, weil sie aus sehr armen Verhältnissen kommen. Beide wohnen in der nahe gelegenen Favela Vila da Prata, wo auf einem Gebiet in der Größe von vielleicht zwei bis drei Fußballfeldern über dreitausend Menschen Unterkunft finden.

Paulo zeigt mir, wo sein Zuhause ist, und ein paar Tage später besuche ich ihn dort in einer zusammengeflickten, etwa drei mal drei Meter großen Baracke. Bei ihrem Anblick denke ich an meine Butzen aus der Kinderzeit. Zusammengeschustert und aneinandergenagelt mit dem, was zu finden war.

Es ist abends, fast dunkel. Dona Júlia, Paulos Mutter, kommt gerade aus der Stadt, wo sie tapioca verkauft, ein Maniokprodukt, das sie in einer Pfanne backt und wie viele andere Frauen oder Kinder an irgendeiner Straßenecke anbietet. Aber heute hat sie nichts eingenommen. „Ein schlechter Tag!"

Auf einer Feuerstelle inmitten der Baracke, die keinen Zementboden hat, kocht sie sich einen Kaffee. Einen dieser übersüßten Kaffees, der die Kinder bald mit braunen und schwarzen Löchern in den Zähnen herumlaufen läßt. Paulo und sein jüngerer Bruder sitzen auf den zwei Betten, die keine Matratze haben. In einer Ecke befindet sich ein alter, kleiner Schrank, auf dem ein paar Büchsen und Gläser und ein paar Lebensmittel stehen, in einer anderen liegen Bretter und Steine. Die 48jährige Dona Júlia erzählt mir einiges von sich, von ihrem Leben, ihrer Arbeit. Ich erkläre ihr, was ich hier in Brasilien mache; daß ich studiere und daß ich wissen will, warum Kinder arbeiten müssen und wie sie leben. Später, als ich mich verabschiede, lädt sie mich ein wiederzukommen. Ich frage, ob sie bereit wäre, mir ein Interview zu geben. „Gerne", sagt sie, „mein Leben ist kein Geheimnis!"

Eine Woche später komme ich zurück, und sie berichtet mir, wie sie nach vielem hin und her vor vier Monaten in die Vila da Prata kam. Vorher hatte sie mit dem Vater der beiden Söhne, die bei ihr wohnen, zusammengelebt. Doch der erschlug eines Tages einen älteren Sohn und verschwand dann. Einige Male hat sie sich damit abgerackert, neue Baracken zu bauen, da sie durch die Regenfälle immer wieder zusammenbrachen. Jetzt hat sie eine etwas größere Baracke.

„Aber die ist offen, es regnet rein", sagt sie. „Gut, geräumiger ist sie, größer, und meine Sachen gehen rein. Dieses Kleinzeugs, viel habe ich ja nicht. Früher paßte nur ein Bett rein, und jetzt gehen sogar drei rein. Nicht wahr, wenn's sein muß? Weil sie größer und geräumiger ist!"

Ohne daß ich sie mit vielen Zwischenfragen unterbreche, redet sie sich an diesem Abend vieles von der Seele. Sie erzählt ein Schicksal, das für viele steht. Aber dennoch ist es ihr Schicksal …

„Nun, wenn es regnet, regnet's ins Haus hinein, wirklich! Es kommt wie ein Fluß, es wird alles überschwemmt, weil kein Dach da ist, wir haben kein Holz. Ich habe keine Möglichkeit, es zu kaufen. Meine kleinen Verdienste … das, was ich verdiene, ist gar nichts, es reicht für gar nichts. Es reicht nicht mal dazu, meinen Kindern zu essen zu geben. Meine Kinder leben schlecht. Ich kann nicht sagen, daß man mit tausend Cruzeiros (zwölf Mark) in der Woche für das Essen, für den Haushalt .... daß das Geld jemanden ernähren kann, oder? Das reicht nicht, wir haben keine Möglichkeiten. Mein Sohn, der Paulo, ist sehr traurig darüber, daß wir unter so schlechten Bedingungen leben. Er will arbeiten. Irgendeine Arbeit, irgendeine manierliche Arbeit! Weil er keine schweren Sachen machen darf. Er will Autos waschen oder auf Autos aufpassen, was er ja schon gemacht hat. Aber jetzt kann er nicht mehr hingehen, weil da andere Jungen sind, die ihn schlagen. Immer dann, wenn ein Autobesitzer ihn ruft, um auf sein Auto aufzupassen, und wenn der dann später zurückkommt und ihn bezahlt, dann schlagen ihm die anderen das Geld aus der Hand. Hundert, hundertfünfzig Cruzeiros. Er und sein Freund laufen weg und kommen nach Hause. Sie weinen fast, der Sebastião und mein Junge. Und dann haben sie auch keine Lust mehr, da hinzugehen. Denn dieser Junge, der Anführer, der hört nicht auf, sie zu schlagen."

Ein paar Sekunden ist es still. Die wenig Licht spendende Birne flackert, und Dona Júlia bückt sich, um nach dem Feuer in ihrem Ofen zu sehen, der nicht größer ist als ein Zehn-Liter-Eimer.

„So ist mein Leben", seufzt sie dabei. „Es ist ein Leben voller Opfer. Mutter und Vater habe ich nicht gekannt, nicht mal Geschwister, keine Familie, niemand. Die Familie, die ich habe, das sind nur diese zwei Söhne. Mittel habe ich auch nicht, gar keine. Mein Leben war von acht bis zwanzig Jahren der Stiel einer Hacke, war Arbeiten auf dem Acker, wirklich hartes Schuften, um mich ernähren zu können, da ich von einer Tante großgezogen wurde. Aber diese Tante ist vor über zwanzig Jahren gestorben. Als sie starb, war ich schon verheiratet. Ich war seit einem Jahr verheiratet. Nun, ich konnte aber nicht recht mit dem Ehemann leben, weil der sehr ... ich hatte überhaupt nie Glück mit Männern, wirklich! Das hat so geendet, daß wir uns trennten, weil wir einfach nicht zusammenleben konnten. Danach war ich sehr krank und ging fort zu einer Bekannten nach Canhotinho. Ich war sehr krank. Der Priester hat sich um mich gekümmert, der Padre von Canhotinho. Ein Padre, der sehr mildtätig und gut ist. Der hat mir ein Haus zum Wohnen gegeben. Der hat mich ins Krankenhaus gesteckt und für mich gesorgt. Und später, nachdem es mir gut ging, habe ich in seiner Küche in seinem Haus gearbeitet, bei der Kirche. Danach kam dann der Vater von Paulo. Der kam und wollte mit mir wohnen. Nun, ich alleine in diesem Haus, na ja. Auf meine anderen Kinder hatten ja gleich andere Leute aufgepaßt und sie erzogen, weil ich sie wirklich nicht behalten konnte."

„Wo war das alles?"

„Das mit dem ersten Mann war in São José, in der Nähe von ... das war in Serra de Boi, auf einem ‚sítio', einem kleinen Landgut, das sie Serra de Boi nannten. In der Nähe von São José also! Wir wohnten auf einer ‚fazenda', auf gepachtetem Land. Ich bin abgehauen, und er hat sich eine andere Frau angeschafft. Bin abgehauen und wollte nichts mehr von ihm wissen. Ich habe dann den Vater von Paulo gefunden und mit ihm gelebt. Zwölf Jahre waren wir zusammen. Er trank viel Schnaps und mochte ... Wissen Sie, er arbeitete, wann er wollte, gab uns etwas, wann er wollte. Ich war immer die, die schuftete. Ich arbeitete in der Küche als Hausangestellte. Ich ging nach São Paulo und ließ ihn hier. Als ich zurückkam, lebte er mit einer anderen. Aber er machte Schluß, weil er immer sagte, daß er eine andere anschaffen würde, aber mich nie verlassen würde. Denn die Frau, die er fand, um mit ihm zu leben, die den Mut hatte, mit ihm zu leiden, sei ich gewesen. Er wolle mich nie verlassen!

Ich hätte nie geglaubt, daß er dann diese Niederträchtigkeit begehen würde. Alles, was ich im Leben mit ihm durchgemacht habe — ich habe gehungert, hatte oft Wut auf ihn, er nahm sich andere Frauen, trank viel, ich litt viel unter seinem Schnaps — all das, was so passiert ist, all das hielt ich noch aus. Aber was ich nicht mehr aushalten konnte, war, daß er eines Tages meinen Sohn tötete. Mein Sohn war krank, kam zu mir nach Hause und bat mich um Hilfe. Ich half ihm. Er war ja nicht mit uns aufgewachsen, er lebte allein. Aber von Zeit zu Zeit kam er zu mir nach Hause. Er war schon ein Mann von zwanzig Jahren. Nun, er kam, krank, schon ganz geschwollen, gelb und bat mich, ihm ein Krankenhaus zu besorgen und ihn dort unterzubringen. Er kam ins Haus, fiel hin und dann kam ,er', stockbesoffen! Er sprang böse mit ihm um, schlug ihn, soviel er konnte. Als er schon fast tot war, schmiß er ihn in den Fluß. Fertig! Glauben Sie, ich kann noch Freundschaft mit so einem Mann haben? Nein, das kann ich nicht, auf keinen Fall!"

„Und mit wem leben Sie jetzt?"

„Jetzt lebe ich mit niemandem, nur mit meinen beiden Jungen. Seit der Zeit habe ich keinen Mann mehr gehabt, und das will ich auch nicht mehr, solange ich lebe."

„Wie alt sind Ihre Kinder, Senhora?"

„Paulo ist zwölf Jahre, Adelson zehn. Aber Adelson ist nicht sehr gesund. Er ist ein kranker Junge. Er ist so schwächlich, so mager. Paulo ist kräftiger, Adelson war von klein auf krank."

„Gehen die beiden nicht zur Schule?"

„Wenn der Dezember vorbei ist, sollen sie gehen. Im neuen Jahr werde ich alles dafür tun, um sie in die Schule zu stecken. Selbst wenn ich nicht die Möglichkeit habe, die Einschreibegebühr zu bezahlen. Aber ich muß sie in die Schule stecken, vor allem Paulo, der spricht nur darüber."

„Aber bis jetzt war er noch nicht in der Schule, oder?"

„Doch, er hatte schon ein Jahr gelernt, in Garanhuns, wo wir erst wohnten. Dann passierte diese Sache mit meinem anderen Sohn. Da hatte Paulo keine Lust mehr und wollte nicht mehr zur Schule gehen. Während des vergangenen

Jahres wollte er nicht lernen. Er hatte eben keine Lust, das Leben ist so! ... Ich war schon eine sehr leidende Frau, sehr krank. Es gab ein Jahr, da habe ich sechs Monate im Bett verbracht, ohne mich zu erheben. Ich bin nicht sehr gesund und fühle Schmerzen im Rücken. Von Zeit zu Zeit habe ich Kopfschmerzen und Schmerzen in den Beinen. Es schmerzt in diesem Bein überall, bis unten hin. Und hier innerhalb des Knochens schmerzt es auch. Und das geht so weit, daß ich nicht imstande bin zu laufen. Ich sehe schon die Stunde, daß ... Oh, Gott bewahre, daß ich jetzt an diesen Punkt komme. Wenn ich jetzt krank werde, was wird dann aus mir und diesen beiden Jungen? Die Jungen sind doch noch klein. Familienhilfe habe ich nicht, weil ich keine Familie habe. Ich habe niemanden, so ist das."

„Und wie schaffen Sie das notwendige Geld heran?"

„Indem ich meine Sachen verkaufe. Ich mache ‚cocada', mache ‚tapioca'. Jeden Tag gehe ich raus, um es zu verkaufen. Ich ergatter' ein bißchen Kleingeld, wenig nur. Jeden Tag ein klein wenig. Am Ende der Woche habe ich tausend, tausendfünfhundert Cruzeiros. Von einem Teil kaufe ich mir ein paar Bohnen, ein bißchen Maniokmehl fürs Haus, vom anderen kaufe ich Zucker, Kokos, zwei Kilo Stärkemehl. Ja, so geht das eben."

„Und Paulo, wieviel verdient der?"

„Zur Zeit schafft er nichts ran."

„Und was verdiente er vorher?"

„Zweihundert, hundertfünfzig, dreihundert."

„Aber jetzt geht er nicht mehr dorthin?"

„Nein. Er hat gesagt, daß er aufhören wolle, weil die Jungen anfingen, ihn zu schlagen. Die haben ihn wirklich geschlagen. Weil ... da gibt's einen Jungen, der ist sehr streitsüchtig und sehr kräftig. Paulo hat Angst. Da, wo es Streit gibt, wo es einen Jungen gibt, der ihn schlagen will, der mit ihm streiten will ... das mag er nicht, da zieht er sich zurück, haut ab. Es kann der beste Platz auf der Welt sein, wo er einen Haufen Geld verdient. Aber wenn jemand mit ihm streiten will, ihn schlagen will, da geht er weg. Er bleibt nicht, nein, er nicht!"

„Wird er weiter mithelfen, Geld zu verdienen?"

„Wenn es eine Arbeit geben wird, hilft er. Und er ist sehr gut. Alles, was er kriegt, bringt er mit nach Hause. Er verschwendet es nicht. Hundert, zweihundert, hundertfünfzig, so ist das. Und wie es aussieht, ist ja alles teuer. Wofür reicht da ein bißchen Geld? Ja, und Paulo, er wird erstmal Eis verkaufen. Ich habe die Tütchen in Casa Amarela gekauft, die Tütchen für das Eis. Plastiksäckchen, um das Eis zu machen, um sie zu füllen. Nun, ich bin im Supermarkt gewesen, habe fünfhundert Säckchen gekauft. Heute wollte ich das Eis machen, aber das Geld reichte nicht, um den Saft zu kaufen, den man dazu braucht. Weil, man macht Kokoseis, Cajù, Weintraube, Maracujá, je nachdem, was die Leute so wollen. Ich habe keinen Kühlschrank, aber da gibt es eine Nachbarin, die ist sehr gut. Die hat mit gesagt: ‚Sehen Sie mal, Dona Júlia, Sie machen das Eis und bringen es mir, um es im Kühlschrank gefrieren zu lassen, und schicken Paulo los, es zu verkaufen.' Das ist dann schon was, da verdient er wenigstens ein bißchen. Das hilft schon. Gut, so Gott will, gehe ich morgen los und werde das Material, den Saft kaufen und das Eis machen. Ich habe schon gewartet, weil mir eine Frau ein bißchen Geld schuldete. Sie schuldet mir Geld, und heute bin ich zu ihr gegangen, damit sie es mir gibt. Aber sie sagte, daß es diese Woche nicht geht. Erst in einer Woche. Deswegen konnte ich das Eis bis jetzt noch nicht machen."

Während Dona Júlia mir von ihrem Leben erzählte, dachte ich immer wieder daran, wie die drei von dreißig, vierzig oder auch fünfzig Mark im Monat leben. Kann man überhaupt davon leben? Wie können die Kinder davon satt werden? Was heißt das für sie: ein satter Bauch? Wie kommen Kinder dazu, im Müll zu wühlen?

Kinder im Müll

Jeden Montag und Freitag hat der Schlachthof Marajó im Stadtteil Linha do Tiro in Recife Schlachttag und jeden Montag und Freitag findet sich an den Abflußrohren der Schlachterei eine große Anzahl von Menschen ein. Meistens sind es Frauen und Kinder, die hier, wo die Abwässer in einen nahe gelegenen Bach geleitet werden, ihre Arme ausstrecken, um mit den gespreizten Fingern einige Stücke Eingeweide aus dem abfließenden Wasser zu fischen. „Eingeweide und Blut für die Müllesser" schreibt die Zeitung Diário de Pernambuco, für die „comedores de lixo", die auch jeden Abend nach Ladenschluß an den Mülltonnen der Restaurants und Geschäfte zu finden sind. Sie durchsuchen den Abfall der Mittel- und Oberschichtsviertel oder wühlen auf den Müllhalden am Stadtrand. Müllsammler, Menschen auf der Suche nach etwas Brauchbarem, nach etwas Eßbarem. Der Abfall ist aufteilbar, in eßbare und nicht-eßbare Dinge. Was kann man damit machen, was daraus bauen oder basteln, um es zu verkaufen? Was kann man essen?

Baratas, daumengroße Küchenschaben, fressen sich durch die Essensreste auf den Müllhalden vor der Stadt, Ratten und Mäuse, Schlangen und sonstiges Getier. Und dennoch wühlen die Menschen nach verfaultem Eßbaren. Kinder sind darunter, die früh erfahren, welche Rolle sie in dieser Welt spielen. Kinder wie Juripita und Titi. Zwei von vielen Kindern in Brasilien, die apathisch im Abfall nach den letzten brauchbaren Sachen grasen.

Den 13jährigen Juripita lerne ich wie viele Kinder und ihre Familien aus den Favelas Vila de Prata und Vila do Apulso kennen: durch bereits bestehende Kontakte.
„Da ist noch einer, zwei Häuser weiter. Juripita heißt der und zieht den Karren. Aber mehr weiß ich nicht."

„Kannst du mich zu ihm führen?" frage ich den 10jährigen, der auch Karrenzieher ist und mir gerade von seinem Alltag erzählt hat. Vor einer Hütte ein paar Schritte von seinem Zuhause klatscht der Junge ein paar Mal in die Hände, bis uns eine ältere Frau öffnet.

„Ist Juripita da?" fragt der Kleine für mich. „Hier ist einer, der will was über ihn wissen. Der interessiert sich für die Arbeit, die die Kinder hier machen. Nur so."

Juripita, der im Türrahmen erscheint, kennt mich bereits. Er hat mich des öfteren mit Ana Maria gesehen, einer jungen Frau aus der katholischen Jugendgruppe, die versucht, in der Favela Basisarbeit zu leisten.

Die alte Frau, die Mutter des Jungen, die uns aufmachte, hat sich wieder auf einen Stuhl fallen lassen. Sie erzählt von einer Krankheit an den Beinen, von unzähligen Gängen zum Arzt, von Medikamenten und daß alles nichts geholfen hätte. Ich erschrecke, als ich erfahre, daß sie noch keine 50 Jahre alt ist.

Auch Juripitas Gesicht drückt nichts als Hoffnungslosigkeit aus. Traurig erzählt er mir, daß er zwar noch nicht zur Schule war, aber wenigstens einige Zeit die MOBRAL besucht hätte. MOBRAL, das ist die staatliche Alphabetisierungsbewegung, von der ich wenig Gutes höre. Wohl gibt der Staat vor, etwas zu tun. Aber was dabei herauskommt, ist eher lächerlich. Juripita sagt mir, daß er was gelernt hat ... doch schreiben oder lesen kann er nicht. Nicht einmal seinen Namen. Wahrscheinlich wird er nie lesen oder schreiben lernen, dafür hat die siebenköpfige Familie kein Geld. Der Vater lebt nicht mehr bei ihnen, und nur der älteste Junge im Haus verdient hier und da etwas. Juripita versucht sich als Gartensäuberer oder Autowäscher im nahe gelegenen Viertel Torre anzubieten. Nur hin und wieder zieht er den Karren. Karrenzieher, wie es der Junge zwei Hütten weiter erzählte, ist er nicht. Juripita hat keine Kontakte, und selten leiht man ihm einen der großen Holzkarren aus.

Eines nachmittags, einige Zeit später, treffe ich ihn auf einer Straße, die durch ein gutbürgerliches Viertel führt. Er kommt mir mit einer kleinen klapprigen Schubkarre entgegen, die mit Abfällen gefüllt ist.

„Was machst du damit?" frage ich ihn, als wenn ich Tomaten auf den Augen hätte. Er werfe es weg, schmollt er vor sich hin. „Wieso?" frage ich und verstehe nicht, daß der Junge sich vor mir schämt. Ich bin verdutzt und will es noch nicht begreifen. Juripita, ein Müllsucher, Müllesser, das kann doch nicht ... Ehe ich weiterdenke, fragt er mich:

„Habt ihr da, wo du herkommst, immer was zu essen?"

„Ja", antworte ich.

„Und sag' mal, müssen die Kinder bei euch arbeiten, oder gehen die zur Schule?"

Wir setzen uns an den Straßenrand, und ich erzähle ihm von dem Leben der Kinder bei uns alles, was er wissen will.

„Ja, ja", murmelt er. An einem Appartementhochhaus hatte er den Müll durchsucht. Papier, alte verfaulte Apfelsinen, Kaffeefilter, Blechbüchsen und andere Dinge liegen in seiner Karre.

„Heute nichts verdient?" frage ich unsicher.

„Nein, gar nichts!"

„Und warum gehst du nicht den Karren schieben?"

„Zu schwer, zu ermüdend!"

Leute gehen vorüber und werfen uns einen zweifelnden Blick zu. Einen Augenblick sitzen wir noch stumm nebeneinander; ich, weil ich keinen klaren Gedanken mehr fassen kann, und er, weil er sich wahrscheinlich vor mir schämt. Dann steht der schwächliche, magere Junge auf. „Ich muß jetzt gehen." Ohne sich umzudrehen, zieht er los, und ich sehe ihm hinterher, wie er die Straße entlangtrottet.

Juripita, ein Kind ohne Kontakte, ohne Freunde, ohne Bekanntschaften. Nur wenige kennen ihn, und keiner zieht zusammen mit ihm los. Selten hat er die Gelegenheit, einen großen Karren auszuleihen, um Eisen oder Papier zu sammeln. Aber trotzdem bringt er irgend etwas mit nach Hause. Und wenn er nichts findet, dann ist es eben dieses Nichts, was er in seine Schubkarre packt.

Ganz anders ist Titï. Ich kenne sie aus der Kindergruppe. Ein Mädchen mit einem fröhlichen Gesicht, immer dabei, immer freundlich, aber von den anderen nicht anerkannt. Einige der Mädchen in ihrem Alter gehen zur Schule, und gerne hätte sie eine von ihnen zur Freundin, aber sie wollen nicht. Titï geht nicht in die Schule. Titï wühlt im Abfall der Mülleimer. Zu Hause gibt es wenig zu essen, und so holt sie sich das, was sie satt macht, aus dem Müll.

Nachdem wir uns einige Monate kennen, kommt sie zu mir und bittet mich um Hilfe. Ein schlimmer, pickliger Ausschlag plagt sie, ihre Haut ist ganz ledrig. Sie zeigt mir ihre Beine, die Arme, den Rücken. Überall Spuren der Krankheit. Das Gesicht voller Krusten. Schluchzend erzählt sie mir, daß nichts geholfen hätte. Sie war in einer der Krankenstationen für die arme Bevölkerung. Aber umsonst. „Die Arznei hilft nichts, und es wird immer schlimmer." Sie schaut mich ratlos an.

Ein paar Tage darauf frage ich einen befreundeten Arzt, was ich tun könnte. Er kommt selbst mit in die Favela und weiß auch wenig Rat: „Hier helfen keine Arzneien", meint er, „der Ausschlag heilt nicht, bevor sie sich nicht gesund ernähren kann."

Titï lernt, daß ihr Ausschlag damit zu tun hat, daß sie die Küchenabfälle aus den Mülltonnen der mittelständischen Viertel ißt. Nur was hilft ihr das? Dann bleibt ihr der Hunger!

Manchmal gibt's Nachtschicht für Paulinho und Petronho

„Warum geht ihr nicht zur Schule?" frage ich Paulinho und Petronho, die auch in der Vila da Prata wohnen.
„Weil wir kein ‚registro' (Anmeldebescheinigung des Einwohnermeldeamtes) haben."

So ergeht es vielen Kindern, vielen Familien. Keine Anmeldebescheinigung, weil kein Geld da ist, kein Geld, weil es keine Arbeit gibt, und keine Arbeit, weil ...

Der elfjährige Paulinho und sein neunjähriger Bruder wissen nicht, warum es keine geregelte Arbeit für ihren Vater gibt. Sie kennen nicht den eigentlichen Grund, war-

Paulinho und Petronho mit einem kleinen Bruder vor ihrem Zuhause

um sie arm sind und nicht zur Schule gehen können. Sie wehren sich nicht, sie nehmen es hin und träumen von morgen. Wenn sie nicht träumen, dann arbeiten sie. Die beiden Jungen gehen auf die Straße, um Geld ranzuschaffen, weil ihr arbeitsloser Vater sie losgeschickt hat. Er selbst verdient nur sehr wenig, wenn er hin und wieder mal ein „biscate", einen Gelegenheitsjob, für ein paar Stunden oder einen Tag bekommt. Den größten Teil des verdienten Geldes läßt er in der Kneipenbaracke am Eingang der Favela. Wovon die siebenköpfige Familie hauptsächlich lebt, sind die Einnahmen der beiden Jungen: Etwa hundert Mark im Monat. Und das bei Lebensmittelpreisen, die ich aus Deutschland kenne!

Seit vier Jahren wohnt die Familie in einer vielleicht achtzehn oder zwanzig Quadratmeter großen Hütte am Rande dieses Elendsviertels, eineinhalb Meter über dem direkt an der Baracke vorbeifließenden Rio Capibaribe. An einer Seite der Bleibe ein Stacheldrahtzaun, der weitere Landbesetzungen verhindern soll, auf einer anderen eine Erdwand, die jeden Moment herunterzufallen droht.

Stickige, staubige Luft erschwert das Atmen in der Hütte, die nur zum Teil festen Boden hat. Auf dem nackten Lehmboden hergerichtete Papp- und Matratzenteile bilden die Schlafplätze. Ein paar Bilder und kleine Plakate hängen an der Wand. Der Papst, die heilige Jungfrau oder Jesus in kitschigen, grellen Farben, und daneben die Werbeplakate der Regierungspartei PDS. Mir fällt ein Kalenderblatt mit einem blonden Mädchen auf einer blumigen Wiese auf. Immer die gleichen Dinge, denke ich.

Ein paar Wochen, nachdem ich die Familie kennengelernt hatte, flimmert in einer Ecke ein alter Fernseher. „Den haben wir uns jetzt besorgt, damit die Kinder nicht immer in der Gegend herumlaufen und bei anderen Leuten sind", sagt mir die Mutter, Dona Maria. Einen Herd besitzt die Familie nicht. Das Essen wird auf einem Rost hergerichtet. Auch Tisch und Stühle für das Zusammensitzen bei den Mahlzeiten fehlen. Aus einer kleinen Plastikschale essen die Kinder gemeinsam ihre Handvoll Reis mit etwas Bohnen vermischt und Maniokmehl darübergestreut. Von hundert Mark im Monat kann man nur wenig kaufen. Selbst die Preise der Grundnahrungsmittel steigen schwindelerregend und übertreffen die Lohnerhöhungen oft mehrfach. Bohnen sind knapp und teuer. Aber die großen landwirtschaftlichen Betriebe bauen Soja zur Verfütterung an das westeuropäische Vieh an.

Paulinho und Petronho arbeiten fünf Tage in der Woche als Karrenzieher. Wie viele andere hier gehen sie um fünf oder sechs aus dem Haus und kommen mittags oder nachmittags zurück.

„Manchmal gehe ich auch abends auf die Straße. Dann gehe ich los, wenn es dunkel wird, und passe auf Autos auf. Freitags und samstags", sagt Paulinho, der bei einer Bar in der Innenstadt seine zweite Geldquelle hat.

„Wenn ich ankomme, stehen da schon einige Autos. Ich bin dann nervös, denn dort ist ein Junge, der auch auf Autos aufpaßt und uns nur verkloppen will."

„Gehst du alleine?"

„Ich gehe mit Petronho. Hin und wieder auch mit José. Manchmal alleine. Wenn ich da ankomme, sind die anderen gleich hinter mir her, die auf die Autos aufpassen."

„Wieviel verdienst du in einer Nacht?"

„Ich verdiene so sechshundert, siebenhundert."

„Und wann kommst du wieder nach Hause?"

„Ich gehe erst nach Hause, wenn es so vier Uhr ist. Unterwegs gibt es eine Imbißbude. Wenn wir da vorbeikommen, rufen wir: ‚Senhor José, geben Sie uns einen Hotdog?‘ Ja, der gibt uns noch einen, und dann geht's nach Hause, gegen vier Uhr. Dann haben wir Angst, so spät. Einmal habe ich siebenhundert Cruzeiros eingenommen, und als ich zurückkam, als ich da hinten war, kamen welche, die mir das Geld nehmen wollten. Sie nahmen mir erst die Mütze. Ich rief: ‚Gebt die Mütze zurück!‘ Einer sagte: ‚Die geb ich nicht. Du kriegst die Mütze und ich dein Geld!‘ Dann bin ich gelaufen und gelaufen und gelaufen und habe mich an einer Stelle versteckt und da geschlafen. Als es hell wurde, bin ich nach Hause gegangen."

Der elfjährige Rinaldo, der ebenfalls in dem Elendsviertel Vila da Prata lebt, arbeitet unter der gleichen Gefahr. Viele hier setzen sich Gefahren aus, verbringen die Nächte außer Haus, um etwas aufzutreiben. Mit acht Jahren, wie Paulinho, hat auch Rinaldo angefangen, auf Autos aufzupassen. Er geht allerdings morgens zur Schule. Nachmittags und abends aber paßt er an einer Kneipe in der Stadt auf. Am Wochenende kommt er erst um zwei oder drei

Uhr nachts nach Hause. Das ist gefährlich, und seine Mutter hat Angst, wenn er losgeht.

„Angst habe ich vor den anderen Kindern, vor den ‚moleques' und vor Dieben, die ihn überfallen", sagt sie. „Aber wir brauchen das Geld!"

Kinderarbeit — koste es, was es wolle
(Stichprobe im informellen Sektor)

„Den Karren zu ziehen, lohnt sich kaum noch", sagt mir der 14jährige Rogério, der seit vier Jahren diese Arbeit macht. „Immer mehr gehen auf die Straße und suchen Papier oder Eisen, da findet man ja gar nichts mehr."

Er und sein gleichaltriger Freund Carlos, der schon seit dem achten Lebensjahr arbeitet und für über die Hälfte des Familienunterhalts aufkommt, wollen sich umstellen, einer anderen Tätigkeit nachgehen. Aber was bringt genügend Geld ein? Und vor allem: Wo bietet sich eine Marktlücke?

Rogério hat das Karrenziehen satt

36

Viele Kinder gehen auf die Straße und verkaufen Erdnüsse oder Eis, Süßigkeiten oder cafezinho, putzen Schuhe, waschen Autos, tragen die Taschen der Käufer aus den Supermärkten, passen auf parkende Autos auf oder bieten den Mittel- und Oberschichtsviertelbewohnern an, ihren Garten zu säubern. Der Einfallsreichtum dieser Kinder muß groß sein, um die Einnahmen zu sichern.

In der Regenzeit stellen sie sich an die Straßenkreuzungen, um in der haltenden Blech- und Abgaslawine die Scheiben zu wischen. Lappen und ein Stück Seife sind dazu notwendig. Im Sommer holt man sich das Wasser aus dem nahe gelegenen Fluß oder Bach. Aber ob sie entlohnt werden oder nicht, das hängt vom Wohlwollen der Autobesitzer ab.

Dem gleichen Wohlwollen sind die ausgeliefert, die sich als Autoaufpasser oder Einweiser auf den Parkplätzen anbieten. Paulinho und Petronho haben erkannt, daß das nicht reicht. Stolz zeigen sie mir ihr neues Waschzeug: ein alter Zehn-Liter-Blechkanister, mit dem sich viele in den Favelas das Wasser von weit her holen müssen, und eine abgewetzte Badebürste. Paulinho und Petronho wollen sich auf dem Markt behaupten. Ihr Verdienst ist für das Familieneinkommen wichtig. Die wirtschaftliche Notlage zwingt die Familie zur Ausnutzung der Kinderarbeitskraft. Vielen bleibt nichts anderes übrig, als ihre Kinder wieder aus den Schulen zu holen oder sie erst gar nicht dort hinzuschicken, sondern sie auf die Straße zu schicken, kleine Dienste verrichten zu lassen oder sie mit Bauchläden zu bepacken.

Was arbeiten diese Kinder, und wieviel Zeit verwenden sie für ihre Arbeit? Was verdienen sie, und wie groß ist dieser Anteil am Familieneinkommen? Wann haben sie angefangen zu arbeiten? Wer geht zur Schule, wer kann lesen, schreiben und und und ...?

Um diese Fragen zu beantworten, befragte ich in fünf Favelas von Recife 53 Kinderarbeiter im Alter bis zu 14

Jahren und ihre Eltern. Die Ergebnisse aus dieser Stichprobe zeigten mit, was Kinderarbeit zum Überleben beiträgt.

Das Durchschnittsalter der Kinder lag bei elfeinhalb Jahren und im Schnitt arbeiteten sie schon mehr als zwei Jahre. Viele von ihnen waren in dieser Zeit schon mehreren Beschäftigungen nachgegangen, um das Überleben der Familie zu sichern. Zur Zeit der Stichprobe sagten mir vier der Kinder, daß sie drei oder noch mehr Verdienstmöglichkeiten nachgingen. Elf Kinder verausgabten sich in zwei Beschäftigungen, und 38 Kinder sagten, daß sie nur eine Einnahmequelle hätten — das bedeutet eine große Unsicherheit der Überlebenssicherung, denn schnell kann diese Verdienstquelle versiegen.

Ich fragte die Kinder weiter, was sie eigentlich hauptsächlich machen, welchen Beruf sie haben? Die zehn verschiedenen Hauptbeschäftigungen, die sie mir angaben, habe ich in der folgenden Tabelle nach dem Alter aufgeteilt:

ALTER	7 – 8	9 – 10	11 – 12	13 – 14	insgesamt
Karrenzieher	4	5	5	9	23
Autoaufpasser	1	1	3	3	8
Gartensäuberer	–	2	2	1	5
Hausangestellte	–	–	4	1	5
Straßenverkäufer	–	1	2	2	5
Werkstatthelfer	–	–	2	–	2
Viehaufpasser	1	–	1	–	1
Bilderrahmenhersteller	–	–	1	–	1
Einkaufskörbeträger	–	–	–	1	1
Verkäuferin	–	–	–	1	1

Zu dieser Tabelle muß gesagt werden, daß sie nicht die Häufigkeiten der Kinderarbeiten, wie sie im allgemeinen auftreten, widerspiegelt. Natürlich kann es sein, daß es viel mehr Hausangestellte als Karrenzieher gibt. Für Recife aber mag das Verhältnis stimmen. In keiner anderen brasilianischen Stadt habe ich so viele Menschen mit einem Holzkarren umherziehen sehen.

Im Nordosten Brasiliens schließen 80 Prozent der Kinder nicht das erste Schuljahr ab, und nur acht Prozent erreichen den Abschluß einer vierten Schulklasse. Allein solche Daten zeigen, wie unterentwickelt diese Region Lateinamerikas ist. Natürlich ist das Verhältnis zu Gunsten der Lese- und Schreibkundigen in den Städten etwas besser. Auf dem Land allerdings übersteigt der Analphabetismus in vielen Gegenden die 90-Prozent-Marke.

Von den Kindern, die ich antraf, hatten über 60 Prozent nicht das erste Schuljahr abgeschlossen. Ein paar von ihnen konnten mit Mühe und Not ihren Namen kritzeln. 15 Prozent von den Kindern hatten die dritte oder vierte Klasse abgeschlossen, die in ihrem Niveau längst nicht mit den Anforderungen in der Bundesrepublik Deutschland vergleichbar sind.

Von den 53 Kindern besuchten nur 17 eine Schule. Die 36 anderen Kinder fragte ich, warum sie nicht zur Schule gehen. Ein Kind sagte mir, daß es wegen des „Wohnungswechsels" sei, zwei meinten, daß sie „keine Lust" hätten, zwei weitere gaben „keine Zeit" an, und drei begründeten es damit, daß ihre Eltern „kein Geld" hätten. Vier der Kinder hatten „keine Anmeldebescheinigung", und ein Kind sagte mir, daß es „sich schämt", zur Schule zu gehen, weil es ja nichts wüßte und die anderen schon so weit fortgeschritten seien. Die Mehrheit aber antwortete mit „Weiß nicht" oder einem verschämten Kopfschütteln. Hilflos sind diese Kinder ihrer Situation ausgeliefert. Wenn sie morgens das Haus verlassen, um Geld zu verdienen, treffen sie auf der Straße Gleichaltrige, die das Glück haben, eine Schule besuchen zu dürfen.

Die Familie

Neben den Angaben über die Kinder war es mir wichtig, einiges über die Familien zu erfahren, in der sie leben und für die sie arbeiten.

Durchschnittlich lebten sieben Personen in einer Familie oder einer Lebens- oder Hausgemeinschaft. Nicht alle der Kinder wohnten bei den Eltern, manche lebten bei den Großeltern, einige bei den Paten, und hin und wieder kam es auch vor, daß die Kinder zu Bekannten gegeben wurden, deren Lebensverhältnisse etwas besser waren.

Von den 53 Familien, die ich aufsuchte, hatten nur 19 ihren Wohnort in den letzten vier Jahren nicht verändert. 29 waren innerhalb des Großstadtgebietes von Recife umgezogen. Einige von ihnen sogar mehrere Male, denn oft war es nicht der richtige Platz, der zum Wohnen gewählt wurde. Die Arbeits- und Verdienstmöglichkeiten sind entweder genauso schlecht oder noch miserabler als vorher. Was soll man da machen? Welche Aussicht bleibt? Weiterziehen, woanders etwas suchen! Aber welche Favela bietet noch Unterschlupf, wo gibt es billige Plätze? Denn nichts geht ohne Geld — auch in den Elendsvierteln von Recife steigen die Preise der Armengrundstücke schwindelerregend, die unter der Hand, informell, verkauft werden. Es ist keine Seltenheit, daß tausend Mark verlangt werden. In São Paulo kosten kleine Grundstücke mit einer Holzhütte, die gleich an die nächste grenzt, sogar bis zu 10.000 Mark. Da ist es, gerade wenn man arm ist, notwendig, Beziehungen zu haben. Und besonders wichtig ist das für die Familien, die vom Land kommen und in der Stadt die letzte Hoffnung sehen. Fünf der Familien meiner Stichprobe hatten in den letzten Jahren diesen Sprung gewagt, hatten ihr Hab und Gut, soweit es ging, zusammengepackt. Auf der Flucht vor Armut, Hunger und menschenunwürdigen unterdrückerischen Verhältnissen landeten sie direkt im Elendsviertel.

Von neuem begann ein Kampf. Der Versuch, sich in einem Wirrwarr von Menschen, die ebenfalls kämpfen, etwas zu scheffeln, ein Almosen zu ergattern. Wenn die Menschen auch arbeitslos sind, einkommenslos können sie nicht bleiben, hoffnungslos dürfen sie nicht sein.

Kinder tragen dazu bei, daß das Einkommen gesichert wird und die Hoffnung nicht erlischt. In den Familien, die ich antraf, trug aber nicht nur ein Kind zur Sicherung des Lebensunterhalts bei. Durchschnittlich mußten zwei oder drei Kinder arbeiten. Manch eine Familie war dazu

gezwungen, gleich vier oder fünf ihrer Kinder auf die Straße zu schicken.

Neben der Arbeit des einzelnen bieten zwar auch andere Einnahmequellen aus staatlichen Sozialfonds Überlebensmöglichkeiten, aber es kam sehr selten vor, daß eine Familie irgendeine Rente erhielt. In Brasilien gibt es kein soziales Netz wie in den Ländern der sogenannten Ersten Welt — zumindest gibt es dieses Netz nicht für die Armen. Es gibt kein Arbeitslosengeld, keine Sozialhilfe und kaum Rente. So wird es den multinationalen Konzernen und Banken leicht gemacht, hier zu investieren. Sie sind von vielem befreit: Keine Beiträge und Abgaben (über den Lohn hinaus) an den Staat, keine Last mit Forderungen der Arbeiter.

Für die arme Bevölkerung ist deshalb die staatliche Sozial- und Krankenversicherung eine sehr wichtige Sache. Sie bietet oft genug eine zumindest kleine Sicherheit. Wenn auch die Versorgung gegenüber den privaten Versicherungen miserabel ist, die nur von den Mittel- und Oberschichtsangehörigen abgeschlossen werden können. Die staatliche Versicherung, die INPS, ist darum sehr wichtig und wird von vielen als ein besonderer Vorteil gesehen. In den Familien, die ich befragte, hatte aber nur in 19 Fällen ein Familienmitglied die „INPS", 34 Familien besaßen diesen Vorteil nicht. Knapp zwei Drittel der angetroffenen Familien sind damit auf die in der Stadt verstreuten schlecht ausgerüsteten Nothilfestationen angewiesen. Viele Menschen habe ich kennengelernt, denen, ohne daß man sich ihre Sorgen überhaupt erst anhörte, Mittel verschrieben wurden, die die Krankheit nur noch verschlimmerten. Mittel, die teuer gekauft wurden und dennoch nichts halfen.

Die Kinderarbeit

Das Wichtigste an der Stichprobe aber war für mich, zu ermitteln, wieviel diese Kinder für ihre Familie 'ranschaffen, wie groß ihr Anteil am Familieneinkommen ist, und vor allem, wieviel Zeit sie dafür aufwenden. Oft wird die Arbeit der Kinder geringgeschätzt. Das Ergebnis meiner Umfrage beweist das Gegenteil: Allein die Kinderarbeiter, die ich antraf, erwirtschafteten einen wesentlichen Teil der Familieneinnahmen. Die meisten arbeiteten fünf oder sechs Tage in der Woche. Ein Arbeitstag hat dabei im Schnitt sieben Stunden. Beides zusammengerechnet ergibt eine Wochenarbeitszeit von 40 Stunden. Ein Teil der Kinderarbeiter geht nebenher zur Schule und arbeitet vielleicht „nur" dreißig oder zwanzig Stunden, was aber ohne Frage eine nicht weniger große Anstrengung bedeutet. Viele Kinder haben mir auch erzählt, daß sie in der letzten Zeit wenig Glück gehabt und kaum Arbeit gefunden hätten. Andere wiederum arbeiteten sieben Tage in der Woche acht und neun Stunden pro Tag, tingelten von einem Job zum anderen oder waren dazu gezwungen, 50 bis 60 Stunden pro Woche Eisen oder Papier zu sammeln, weil sie als einzige in der Familie verdienten. Einige arbeiteten sogar mehr als 60 Stunden.

Damit erarbeiteten sie einen beträchtlichen Beitrag für das Einkommen ihrer Familien, von denen viele nicht einmal den gesetzlich festgelegten Mindestlohn verdienten, der zwischen 120 und 200 DM (1982) schwankt und jedes Jahr weiter fällt. In der Regel kann keine Familie von diesem Lohn leben, nicht mal für Nahrung und Unterkunft einer einzigen Person reicht er aus. Und trotzdem hat der „salário mínimo" einen geradezu magischen Stellenwert, weil ihn nur wenige verdienen. „Ich bekomme einen Mindestlohn", sagen die Leute stolz, froh darüber, wenigstens etwas erreicht zu haben. 200 Mark im Monat

(1982), denke ich mir, wieviel ist das eigentlich? Was kann ich, was würde ich dafür kaufen? Aber viele verdienen nicht einmal das und sind deshalb auf die Hilfe der Kinder angewiesen.

Höhe des Einkommens	bis 100	100 – 200	200 – 300	300 – 400	400 – 600	600 – 800	800 – 1000	1000 – 1200 Mark
Familien (ohne befragtes Kind)	9	14	9	8	11	1	1	–
Familien (mit befragtem Kind)	4	11	9	12	12	4	–	1

Einige fangen bereits im Alter von fünf oder sechs Jahren an zu arbeiten

Bei der Ermittlung der Familieneinnahmen konnte ich feststellen, daß der Einkommensanteil des befragten Kindes enorm wichtig ist. In der obigen Tabelle sieht man, daß neun Familien weniger als 100 Mark im Monat hätten, wenn sie auf die Hilfe des von mir angesprochenen Kindes verzichten müßten. Den Anteil des Kindes dazugerechnet, verbessert sich die Lage der Familie; nur noch vier bleiben in der untersten Sparte.

Durchschnittlich verdiente eine Familie ohne den Kinderarbeitsanteil etwa 280 Mark, mit dem Beitrag des Kindes erhöhte sich der Betrag auf 340 Mark. In einer Grafik würde das so aussehen:

		mit dem Kind
	ohne das Kind	
1 Mindestlohn (ca. 200 DM)	**1,39** Mindestlöhne (ca. 280 DM)	**1,70** Mindestlöhne (ca. 340 DM)

Ganz zum Schluß habe ich aus meiner Stichprobe noch den Stundenlohn der Kinderarbeiter, die ich befragte, ermittelt. Der weitaus größte Teil arbeitete für einen stündlichen Ertrag von unter 50 Cruzeiros (60 – 70 Pfennig). Die Hälfte rackerte sich für weniger als 30 und ein Drittel sogar für weniger als 20 Cruzeiros ab. Das waren 1982 nicht einmal 30 Pfennig, der Preis eines Brötchens in den brasilianischen Bäckereien.

Was machen eigentlich die Mädchen?

Wenn ich hier vom Überlebenskampf der Kinder im brasilianischen Nordosten berichte, von ihrem Alltag, von ihrer Arbeit, ihrer Selbstausbeutung, der sie sich unterwerfen müssen, um wenigstens ein letztes bißchen Hoffnung zu bewahren, dann hatte das bisher mehr mit Jungen als

mit Mädchen zu tun. Woher kommt das? Was machen eigentlich die Mädchen?

Nur selten sind sie bei der Überlebensarbeit oder der informellen Einkommensbeschaffung auf der Straße zu sehen. Mädchenarbeit ist zunächst fast durchweg Hausarbeit. Unscheinbare Schufterei im eigenen Haushalt, die oft genug härter und länger als die der Jungen ist. Ganz selbstverständlich wird ihre Arbeit in der häuslichen Gemeinschaft miteingeplant.

„Überlebenssicherung", das erfordert eine genaue Einteilung der Arbeiten innerhalb der Familie. Die Kinder der armen Unterschichtsfamilien erfahren schon früh, daß ihre Arbeitskraft unentbehrlich ist und sie die Existenz der Hausgemeinschaft mitgarantieren müssen. Wenn der Vater nicht genug verdient, weil er keine geregelte Arbeit hat, wenn die Mutter und die Söhne mithelfen, mitverdienen müssen, dann sind die ältesten Töchter für die Versorgung ihrer jüngeren Geschwister und des Hauses verantwortlich.

Die elfjährige Jovelina hatte vor zwei Jahren die Schule verlassen müssen, um den Haushalt zu versorgen. Ihr Vater hatte schon vor längerer Zeit seinen Arbeitsplatz verloren, schafft aber noch hin und wieder etwas Geld durch einen Gelegenheitsjob an. Meistens arbeitet er dann in einem Fuhrunternehmen als Packer. Doch damit verdient er nicht viel, denn von sechzig Mark kann die Familie nicht leben. So ist auch die Mutter gezwungen zu arbeiten. Den Tag über von morgens sieben bis abends sieben ist sie als „empregada", als Hausangestellte, bei einer Familie beschäftigt und kommt im Monat auf hundert Mark. Jovelinas dreizehnjähriger Bruder Alexandre geht seit drei Jahren auf die Straße, um sich dreißig bis vierzig Mark als Karrenzieher zu verdienen. Jovelina hatte also all das zu übernehmen, was die Mutter vorher machte. Kaum ein Jahr war sie zur Schule gegangen; jetzt wartet auf sie tagtäglich die Hausarbeit. Auf die Kleinen aufpassen, immer wieder den Lehmboden von Unrat befreien und ständig Wasser holen.

Das Wasserholen ist die leidigste Plackerei. Der Weg von der Hütte zur nahe gelegenen Fabrik, wo an einem Außenanschluß mehrere aus der Favela Schlange stehen, ist mühsam. Barfuß über den steinigen Pfad, an einigen Stellen ist es glitschig durch die Abwässer der anderen Baracken, dann einen kleinen Abhang hinauf, an einigen Reihenhäusern vorbei und, endlich, der Wasserhahn! Das Mädchen steht ein paar Minuten, unterhält sich mit den anderen, flachst ein bißchen mit ihnen, aber schon ist sie dran, und schnell ist der zehn oder fünfzehn Liter fassende Blechkanister voll. Jovelina trägt ihn auf dem Kopf wie alle Frauen und Mädchen und macht sich auf den Rückweg. Drei, vier oder fünfmal macht sie die Strecke am Tag.

Jovelina, Mutter und Hausfrau, eines unter Millionen von Mädchen. Wenn sie mal Zeit hat, dann sitzt sie mit ihren Freundinnen auf einem kaputten durchgesessenen Sofa vor ihrem Zuhause, einem der eng nebeneinanderstehenden Bretter- und Wellblechverschläge. Dann erzählen sie sich ihre Wünsche und Träume, dann machen sie sich über einen vorbeigehenden Jungen lustig und lachen frei heraus. Fröhlichkeit für ein paar Minuten!

Anna Maria ist dreizehn Jahre alt und arbeitet seit vielen Jahren als Hausfrau. Wann das anfing, weiß sie nicht mehr so genau. Ich lerne sie über ihren Bruder kennen, der mit den verschiedensten Diensten Geld auf der Straße verdient. Daß ich ihren Bruder über seine Arbeit befrage, fand sie nicht ungewöhnlich, aber daß ich von ihr wissen wollte, was sie den Tag über arbeitet, überraschte sie. Bisher hatte noch keiner ihre Tätigkeiten im Haus als Arbeit angesehen. Ihre Dienste waren eher selbstverständlich, normal. Ist das etwa Arbeit? Ich merkte im Laufe des Gesprächs, wie sie zu zweifeln begann.

„Ich mache den Haushalt hier, passe auf meine Geschwister auf. Ich mache viele Sachen, helfe meiner Mutter, auf dem Markt einzukaufen, kaufe selbst ein. Meine Mutter geht arbeiten, und ich passe auf meine Geschwister auf, schicke sie zur Schule. Ich habe sie angemeldet, und sie gehen hin. Nur zwei habe ich nicht angemeldet, weil die schon zu alt sind."

„Warst du schon zur Schule?" frage ich sie.

„Schon! Aber ich interessiere mich nicht dafür, weil, ich habe . . . Ich will wohl lernen . . . Ich behalte das nur nicht ...", stottert sie die Antwort heraus und drückt sich davor, den wahren Grund zu nennen.

„Ich war hin und habe es dann sein lassen, auch weil die Kinder hier so fürchterlich sind. Einmal, als ich aus dem Haus war und dann wiederkam, da wäre beinahe die Gasflasche hier im Haus explodiert. Ja, und deswegen kann ich nicht zur Schule gehen. Nur wenn ich abends ginge, wäre es möglich. Aber meine Mutter will nicht, daß ich abends lerne, weil sie Angst hat, und sie ist auch wütend, daß sie abends die Tür noch mal öffnen muß, um mich reinzulassen. Deswegen! Ich weiß nicht, was ich machen soll, um auch zur Schule gehen zu können. Ich kann auch schlecht sehen, weil ich ein Problem mit den Augen habe. Ich habe oft Lust zu schreiben, richtig zu schreiben. Aber manchmal, beim Hinsehen, da laufen mir die Tränen in die Augen. Es gelingt mir nicht, was zu schreiben."

„Das heißt also, daß du im Haus arbeitest?"

„Ich arbeite im Haushalt, mache das Essen für die Kinder, räume das Haus auf, wische und putze, wasche das Geschirr ab."

„Strengt das an?"

„Ja. Jetzt zum Beispiel bemerke ich hier Schmerzen. Im Rücken, denn ich mache viel im Haus. Die Kinder helfen mir nicht. Wenn meine Mutter wiederkommt, sagt sie, daß ich gar nichts aufräume. Manchmal schlägt sie mich,

49

oder manchmal ist sie mit mir böse. Ich bin schon oft von hier abgehauen, weil ich schon so viel gemacht habe, aber das erkennt ja keiner an."

Anna Maria schweigt einen Moment. Ob sie den Vorwurf das erste Mal geäußert hat?

„Meine Mutter geht arbeiten, und ich bleibe im Haus", wiederholt sie noch einmal. „Ich muß auf die Kinder aufpassen, aber die Kinder sind fürchterlich. Wenn ich hier putze, dann gehen sie auf die Straße. Ich laß dann schon mal eine Sache liegen, und es ist schon öfter passiert, daß die Bohnen angebrannt sind. Ich bin immer beschäftigt. Es ist schwer, mal Fernsehen zu gucken. Das mache ich manchmal für kurze Zeit am Mittag. Aber ich schalte schon bald ab, um andere Sachen zu tun. Ich wasche die Kleidung der Kinder, mache dies und das. Und wenn meine Eltern von der Arbeit kommen, dann wollen sie fertiges Essen sehen."

Christiane arbeitet als Hausangestellte

Jovelina hatte mir erzählt, daß ihre Mutter als „empregada" arbeitet und die ganze Woche nicht zu Hause ist. Ein großer Teil der brasilianischen Frauen aus den ärmeren Schichten geht dieser Arbeit nach. Fast jede Familie der Mittel- oder Oberschicht zählt auf die billige Arbeitskraft einer Hausangestellten.

Hausarbeit wird schlecht bezahlt und ist wie alle nichtformellen Arbeiten ohne einen legalen Schutz. Auch neun- oder zehnjährige Mädchen werden eingestellt. Unter oft unmenschlichen Bedingungen erarbeiten sie das notwendige Geld für die Familie. Morgens um fünf oder sechs, ganz nach dem Wohlwollen des „Herrn" oder der „Herrin", stehen sie auf, um ihnen das Frühstück zuzubereiten. Der Tag endet mit dem Abwasch des Abendbrotgeschirrs. Und oft bleibt es nicht nur beim Haushüten, Zubereiten von Mahlzeiten, Putzen oder Waschen, sondern die Mädchen leiden unter der sexuellen Ausnutzung durch die Männer des Hauses. Wenn sie schwanger werden, folgt die Entlassung. Der sexuelle Mißbrauch durch die Männer und Zöglinge der reicheren Schicht bestraft die Mädchen selbst. Obendrein sind sie nach der Moral des lateinamerikanischen Machismo damit gleichzeitig zur „Hure" abgestempelt. Ihr Weg ist gekennzeichnet. Ein großer Teil der sich prostituierenden Mädchen und jungen Frauen sind ehemalige „empregadas".

Viele dieser Mädchen wohnen im Alter von acht oder neun Jahren nicht mehr zu Hause, sondern leben bei der Familie, die sie für ein monatliches Gehalt von zwanzig, dreißig oder vierzig Mark angestellt hat. So auch die zwölfjährige Christiane, die seit einem halben Jahr als „empregada" arbeitet, um für die Mutter, die gerade ein Kind bekommen hat und vom Mann verlassen wurde, das Geld zu verdienen. Da das Mädchen aber immer nur für kurze Zeit nach Hause kommt, um die vierköpfige Familie zu besuchen, habe ich ihre Mutter gefragt, ob sie mir etwas von ihrer Situation erzählen kann.

„Wann kamen Sie in die Vila da Prata, Senhora Ferreira da Silva?"

„Ich kam im Jahr 1981 hierher, vor etwa zwei Jahren."

„Und warum kamen Sie?"

„Meine Freundin rief mich bei der Arbeitsstelle an. Ich sagte ihr, daß ich mir keine Baracke leisten könne. Damals hat meine Herrin das Gespräch gehört und mich dann gefragt. So habe ich gesagt: ‚Das ist eine Freundin von mir, die sich eine Baracke in Torre baut.' Damals arbeitete ich in Boa Viagem. ‚Was will sie?' fragte die Senhora. ‚Sie hat mir gesagt, daß ich auch eine Baracke für mich bauen solle. Aber ich habe kein Geld, mir eine zu bauen', hab ich geantwortet. Dann sagte sie: ‚Das Geld soll nicht das Problem sein. Ich spreche mit meinem Mann. Der leiht dir das Geld, du wirst arbeiten und es vom Lohn abgezogen bekommen.' Da habe ich geantwortet: ‚Ich spreche aber nicht mit ihm, weil ich mich schäme. Kann sein, daß er nichts ausleiht. Da muß die Senhora sprechen. Wenn er mir was gibt, gut. Auch wenn er mir nichts leiht, macht das nichts.' Sie sprach dann mit ihm, und mein Herr hat mir dreihundert Mark ausgeliehen, um das Ding zu bauen. Sie hat das Geld von der Bank geholt und es mir gegeben. Ich habe es dem Mann meiner Freundin gegeben, der schon dabei war, ihre Baracke hier zu bauen und der dann auch meine montierte. Ich ging vorher zu der Besitzerin des Bodens und gab ihr zwanzig Mark. Eigentlich gibt es hier keinen Besitzer, aber wenn man kommt, dann sagt jeder, daß er der Besitzer sei. Die Frau kam also und hat mir dieses Grundstück angeboten: ‚Ich gebe Ihnen dieses Grundstück, und Sie geben mir zwanzig Mark, denn ich habe vor, mir ein paar Ziegel zu kaufen.' Nun, ich gab ihr zwanzig Mark, und meine

Freundin gab vierzig. Wir gaben sechzig für diesen Boden, für dieses Stück. Danach wollte meine Freundin ihre Baracke nicht mehr bauen, sie gab auf, weil sie keinen fand, der ihr das fehlende Geld lieh. Der Mann meiner Freundin hat dann noch das Material für mich gekauft und diese kleine Baracke aufgestellt. Gleich danach habe ich dann den Vater der Kleinen hier, die gerade geboren ist, kennengelernt. Der wollte mit mir zusammenwohnen, aber nicht in diesem Haus. Ich weiß nicht, warum. Er hat dann in Pina eine Baracke für uns gemietet. Dort haben wir zwei Monate gewohnt und sind dann zurückgekehrt. Als wir zurückkamen, das war so die Zeit, als er abhaute, mich zurückließ, ohne Essen, ohne irgendwas zu haben, ohne arbeiten zu können. Mit einem kleinen Kind. Dann hat Christiane die Schule sein lassen, um eine Arbeit zu finden. Die Frau hier nebenan hat dann eine Arbeit für sie besorgt. Seitdem ist sie nicht zur Schule gegangen, hat nichts gelernt."

„Und was hatte sie vorher gemacht?"

„Vorher ist sie zur Schule gegangen, hat aber nebenher auch als Hausangestellte gearbeitet, auf die Kinder aufgepaßt. Seit ihrem zehnten Lebensjahr bis heute ist sie arbeiten gegangen. Aber das brachte nichts, ich wollte, daß sie im Haus bleibt und lernt. Ich habe sie in der Schule angemeldet, und sie begann wieder. Aber vor vier Monaten mußte sie wieder aufhören, um zu arbeiten. In dem Haus, wo sie anfing, waren sie mit der Schule nicht einverstanden, weil sie von sieben bis elf dauert. Das ist sehr unpassend, denn morgens wird man da am meisten gebraucht. Die Frau hat gesagt, daß die Schule weit weg wäre und der Schulplan schlecht wäre. Nun, Christiane mußte dann die Schule völlig vernachlässigen."

„Und wie lange ist sie zur Schule gegangen?"

„Es war das erste Jahr. Sie hatte schon was gelernt, sie konnte schon ihren Namen schreiben, schrieb schon einige Sachen, rechnete. Denn vorher hatte sie schon privat mit meiner Schwester was gelernt. Das war noch im ‚interior‘, auf dem Land. Drei Jahre hat sie dort noch auf dem ‚sítio‘ gelebt, und meine Schwester hat ihr was beigebracht. Meine Schwester kann lesen und hat ihr beigebracht, meinen Namen und ihren Namen zu schreiben. So hat sie das gelernt. Letzten Donnerstag bin ich nochmal hier in der Schule gewesen zu einem Treffen, und da hat die Rektorin mir gesagt: ‚Wenn sie weitergemacht hätte, wäre sie ins zweite Schuljahr gekommen, denn sie ist sehr schlau.‘ Und sie kann lesen, ohne Schwierigkeiten! Sie kann meinen Namen lesen, ihren, die Namen von allen hier im Haus. Sie kann unterschreiben, weiß alles. Die Lehrerin hat gesagt: ‚Das war sehr schlecht für sie, daß Sie Ihre Tochter aus der Schule genommen haben.‘ Das kommende Jahr werden wir sie wieder zur Schule schicken. Ich habe ihr gestern, als sie das letzte Mal hierher kam, gesagt: ‚Du, dieses Jahr wirst du zur Schule gehen. Wenn ich auch die farinha ohne Salz essen sollte, aber du gehst zur Schule!‘“

„Und dort, wo sie arbeiten muß, wie ist es da?“ frage ich Senhora Ferreira. Mit Christiane selbst kann ich nicht darüber sprechen. Weder bei der Arbeit, weil sie dann ihren Job verlieren würde, noch bei ihren Besuchen zu Hause, denn ich will ihr nicht die freie Zeit rauben, die sie hat, um ein oder zwei Mal im Monat für ein paar Stunden die Familie zu besuchen. So erzählt mir Senhora Ferreira, was sie von Christiane weiß:

„Sie hilft bei allem. Das Haus fegen, wischen, das Bad säubern, all diese Sachen, Geschirr spülen. Die haben ein kleines Mädchen von sieben Jahren. Sie spielt mit ihm, holt es vom Ballett ab.“

„Und Ihre Tochter, Senhora, ist die einzige, die momentan arbeitet?“

„Sie ist die einzige. Ich habe mit allem aufgehört. Sogar die Beiträge für meine ‚INPS‘, meine Sozialversicherung, sind drei Monate im Rückstand. Ich weiß nicht, was ich machen soll. Das einzige, was ich habe, ist diese INPS. Wenn ich krank werde, könnte ich ins Krankenhaus. Ich bin verrückt danach zu arbeiten, um die INPS weiterzahlen zu können und die ganzen Rückstände. Das ist das einzige, was ich habe, die INPS."

„Und wieviel verdient Christiane so?"

„Sie verdient dreitausend Cruzeiros im Monat, mehr nicht. Jetzt gibt die Frau ihr noch Sachen zum Anziehen mit. Zwar für Siebenjährige, denn die Tochter von ihr ist ja sieben Jahre alt. Aber sie ist gut entwickelt. Was nichts mehr nützt, gibt Christiane anderen."

„Muß sie dort viel arbeiten?"

„Christiane bringt das Mädchen in die Schule, holt sie ab, macht die Einkäufe. Sie fegt das Haus, putzt, macht den Abwasch, das Bad, wischt die Terrasse, all diese Sachen. Und nachmittags spielt sie mit der Kleinen. Die kommt dann von der Schule, und sie spielt mit ihr. Gestern habe ich ihr, als sie kam, gesagt: ‚Hör mal, dreitausend Cruzeiros, das ist sehr wenig.' Dreitausend Cruzeiros, das sind hundert pro Tag (= 1 Mark). Und hundert Cruzeiros, das ist heute nichts mehr. Denn gestern, da hat mir eine Frau hundert geliehen, und ich bin einkaufen gegangen. Ein Kilo Inhame, das sind hundert Cruzeiros. Wir essen das Inhame so, ohne Fleisch, ohne Butter, ohne alles. Hier bei uns ist es so. Wir haben nicht das Recht, das ein oder andere Mal eine Frucht zu essen. Ich habe nicht die Möglichkeit, am Wochenende auf dem Markt einzukaufen, Früchte zu kaufen. Wir essen keinen Käse, wir essen nichts Süßes."

Am Ende des Gesprächs spiele ich wie allen anderen auch Senhora Ferreira das vor, was sie mir berichtet hat. Bedächtig lauscht sie und freut sich, einmal ihre Stimme von einem Band zu hören.

Noch immer ist es mir peinlich, die Zeit dieser Menschen zu rauben. Was mag diese Frau davon halten, daß

ich sie in ihrer jämmerlichen Bretterbude in einem Elendsviertel besuche? Aber als ich mich verabschiede und be-
danke, winkt sie ab. Nein, meint sie, sie sei es, die sich be-
danken müsse!

Von Kindern, die in der Stadt schlafen

„Los, da vorne kommt wieder einer. Hin!" ruft der schmächtige Edilson einem seiner vier Arbeitskollegen zu und deutet mit einem kurzen Blick auf einen Bus, der über die nahe gelegene Ampelkreuzung rast und die Bushaltestelle anfährt. Im gleichen Moment rennt der Junge los, um als erster an der Bustür zu stehen und geduldig zu warten, bis alle Fahrgäste ausgestiegen sind. Die Gruppe der fünf kleinen Verkäufer gehört zu den vielen Kinderarbeitern der Stadt, die an den Endhaltestellen der Busse im Zentrum ihre Produkte anbieten. Immer, wenn die Busse

Erst abwarten, und dann liegt alles in der Hand des Busfahrers

ankommen, stellen sie sich an der Vordertür auf, lassen erst die Fahrgäste aussteigen, steigen dann selbst ein und bieten den neuen, hinten eingestiegenen Leuten Süßigkeiten, Früchte oder Nüsse an.

Die Busfahrer machen immer eine kleine Pause von fünf Minuten; manchmal trödeln sie auch, aber das kann Edilson und seinen Freunden nur recht sein. Denn das ist die Gelegenheit zum Geschäft. Wenn sie Glück haben! Die meisten Fahrer lassen die Kinder zum Verkauf herein. Einige nehmen einen Gegenwert in Form eines Schokoladenriegels oder eines kleinen Tütchens mit Erdnüssen.

Da die Jungen gemerkt haben, daß ich sie bei der Arbeit fotografiere, kommen sie in einer kurzen Arbeitspause auf mich zu. Ich stelle mich vor und kaufe ihnen ein paar Sachen ab, die wir gemeinsam essen. Die fünf sind im Alter von acht bis vierzehn Jahren und stehen hier jeden Tag, um sich ein paar Cruzeiros zu verdienen. Nur sonntags, da gibt es nicht viel zu holen.

Der vierzehnjährige Hernando zeigt mir eine Karte des ‚juizado do menor‘, des Jugendamtes, die ihm offiziell erlaubt zu arbeiten. Er hält mich für einen Vertreter der Behörde, die hin und wieder durch die Straßen streifen.

,,Hier, das ist mein elfjähriger Bruder, der gehört zu mir, der arbeitet mit mir zusammen‘‘, erklärt er.

,,Ja, ja‘‘, winke ich ab, ,,du brauchst dir keine Sorgen machen.‘‘

Ich erkläre den Jungen, wo ich herkomme und was ich hier tue. Sie glauben mir. Einer mit solch mangelhaften Sprachkenntnissen, das kann kein Brasilianer sein, und auf keinen Fall einer von der Behörde. Das wird auch Hernando klar. So wie der aussieht!

Er, sein Bruder und der zehnjährige Antonio kaufen sich jeden Morgen jeweils einen Karton Schokoladenriegel in einem Kaufhaus und setzen ihn tagsüber ab. Der Jüngste der Gruppe verkauft für einen Mann, der in der Nähe einen Apfelsinenstand hat. Mit einem kleinen Körbchen

Immer wieder wird das Geld gezählt

geschälter Apfelsinen steht der Achtjährige vor mir. Edilson, zwölf Jahre, hat einen Blechkanister vor sich stehen, aus dem einige Erdnußtütchen gucken.

Ein Bus kommt angefahren, und schon zischen die fünf wieder los. Einer von ihnen gibt dem Busfahrer einen Schokoladenriegel, daraufhin frage ich sie in der nächsten Pause, ob es öfter vorkommt, daß die Fahrer etwas nehmen?

„Nein, nicht immer. Der Fahrer hier zum Beispiel war in Ordnung. Der nimmt uns sonntags öfter umsonst mit nach Rio Doce an den Strand. Bei den anderen kommen wir nicht mit oder müssen bezahlen", erzählt mir Antonio. „Wo wohnst du?"

„In Afogados. Jeden Abend fahre ich mit dem Bus heim und komme morgens früh wieder zurück."

„Und du, Edilson?"

„Piedade. Aber da fahre ich nur am Samstag hin. Von Montag bis Samstag bin ich hier."

„Wo schläfst du denn?"

„Hier an der Haltestelle! Da vorne am Verkaufsstand!"

Der Zwölfjährige zeigt auf einen höchstens eineinhalb mal eineinhalb Meter großen Kiosk und erzählt, daß er für den Besitzer die Erdnüsse verkauft. Sein Anteil am Gewinn ist sehr gering.

„Ich komme auf fünfhundert Cruzeiros oder ein bißchen mehr in der Woche."

Während er weitererzählt, schaue ich auf den kleinen Kiosk. Ich denke an die Enge und Einsamkeit in der Nacht, an Überfälle, Einbrüche und Morde. Der „Diário de Pernambuco" berichtet täglich davon.

„Wieso fährst du nicht nach Hause?" frage ich Edilson weiter, der ständig dabei ist, Grimassen zu ziehen.

„Ach, da ist dieser Typ, den kann ich nicht ausstehen. Mutter und Vater sind ja getrennt. Und wenn es nach Mutter ginge, sollte ich Gärten sauber machen und solche Sachen. Arbeit für Esel ist das."

„Wieviel seid ihr zu Hause?"

„Fünf! Ich habe noch zwei kleine Schwestern. Aber die machen noch nichts, die sind noch zu klein."

„Bist du schon mal zur Schule gegangen?"

„Ja, aber nicht lange. Aber wenn ich fünfzehn bin, dann gehe ich zur Schule. Erstmal werde ich noch eine Weile arbeiten. Irgendwann kaufe ich mir dann eine Kartoffelfriteuse. Das haben ja jetzt viele. Damit bin ich dann unabhängig. Damit kann man heute viel mehr Geld machen."

Wird es dieser Junge schaffen? Gehört er wirklich zu den wenigen, die sich ihren kleinen Traum erfüllen können?

„Sag mal, bekommen wir eigentlich die Fotos, die du von

uns gemacht hast?" fragt er fordernd, als ich mich verabschieden will.

„Die bringe ich euch. Werdet ihr in der nächsten Zeit hier sein?"

„Na klar! Aber keins vergessen, hörst du!"

Als ich nach einer Woche mit den Fotos auftauche, treffe ich ihn nicht mehr an.

Ein anderes Beispiel:
Recife, in der City, kurz nach Mitternacht. Vier Kinder gehen auf die Bushaltestelle an der Conde da Boa Vista zu, an der ich gerade auf den letzten Bus warte. Sie hokken sich auf ihre zwei Schuhputzkisten, eng aneinandergelehnt. Zwei von ihnen sind Schuhputzer und die beiden anderen Erdnußverkäufer. Zwölf Stunden haben sie heute gearbeitet, sagen sie. Sind so kaputt, daß ihnen ständig die Augen zufallen. Das älteste Kind, ein elfjähriges Mädchen, stützt die anderen ein wenig. Sie erzählt mir, daß die Freunde sieben, neun und zehn Jahre alt seien. Morgens würden sie um zehn in die Stadt fahren, um mit der Arbeit anzufangen. Sie wohnen außerhalb in einer Favela. Mit dem Bus dauere es eine halbe Stunde.

„Aber manchmal, da verpassen wir den letzten Bus. Dann müssen wir hierbleiben. Wir suchen uns irgendeinen Platz zum Schlafen", sagt die Kleine ganz selbstverständlich.

Tausende von Kindern verbringen so die Nächte in dieser Stadt. Unter Brückenpfeilern in Kot und Abfällen, auf Bauplätzen, hinter Bretterverließen, überall, wo sich ein ungestörter Platz zum Schlafen findet. Ein Stück Pappe dient als Unterlage und eine Zeitungsseite als Zudecke. Manchmal läßt sich sogar ein Platz in den ruhigeren Strassen der Innenstadt ergattern.

So macht es wohl auch die Frau mit ihren drei Kindern, die ich eines Nachmittags in der Stadt anspreche. Zwei ihrer Kinder waren auf mich zugekommen und hatten um ein „trocadinho", ein bißchen Kleingeld, gebeten, als ich dabei war, vom Rand der Straße aus ein paar Jungen auf der Kreuzung zu fotografieren, die den haltenden Autos eifrig die Scheiben putzten. Wieselflink schossen sie bei Rot vom anderen Straßenrand aus zwischen den haltenden Autos hindurch, und genauso wieselflink mußten sie sich bei Grün wieder sputen, die Straße zu verlassen. Hier nimmt kein Autofahrer Rücksicht auf sie.

Ein paar Meter neben mir setzt sich die Frau mit den Kindern auf einen Stein. Unsicher gehe ich auf sie zu, ein Gespräch suchend. Die Frau ist offen; natürlich ist sie offen, denke ich, sie hat gesehen, daß ich ihren Kindern etwas gegeben habe! Aber es ist nicht nur das! Sie erzählt, ohne Angst, ihre Geschichte, ihr Leid. Wer sonst hört es sich an? Es ist ihr gleich, wer ich bin und was ich damit anfange; sie erzählt:

Vor einiger Zeit sei ihr Mann gestorben, und jetzt wäscht sie die Wäsche von ein oder zwei Familien, aber das reicht nicht aus. Deshalb gehen sie auf die Straße und betteln. Hinzu kommt, daß eine der Familien in Urlaub gefahren ist; seit einigen Wochen haben sie gar nichts.

„Morgens gehen wir von einer Bäckerei zur anderen. Mal bekommen wir etwas, mal nicht. Bis mittags, dann gehen wir in die Stadt."

Selbst geht sie nicht zum Betteln auf die Straße, weil sie sich schämt. Während die Kinder an den haltenden Autos vor den Ampeln um etwas Geld bitten, sitzt sie auf dem Bürgersteig. Oft reicht das Geld kaum aus, um nach Hause zu fahren. Dann bleiben sie im Zentrum und schlafen dort, obwohl das gefährlich sei und sie große Angst hätten.

Während ich mit der Frau rede, kommt eine Bande „moleques", Straßenkinder, aus einer Seitenstraße auf die Kreuzung zu. Zehn bis zwölf Kinder. Sie streiten, andere moleques tauchen plötzlich auf, und bald darauf löst sich der Haufen unverhofft wieder auf. Ein vielleicht vierzehnjähriges Mädchen sieht, daß ich einen Fotoapparat dabei habe, kommt auf mich zu und fordert mich auf, ein Foto von ihr zu schießen. Ein Junge, wahrscheinlich der Bandenchef, zieht sie zurück:

„Laß das sein! Der ist bestimmt von der FEBEM. Der zeigt die Fotos der FEBEM, und dann sperren sie uns wieder ein!"

„Ist die FEBEM schlecht?" kann ich gerade noch herausbringen, bevor die beiden den anderen Kindern hinterherrennen.

„Die FEBEM kann keiner von uns leiden. Da haben wir alle Angst vor", ruft der Junge.

„Die schnüffeln Schuhcreme und Klebstoff und solche Sachen", sagt mir die Mutter, die ihre Kinder inzwischen besorgt zurückgerufen hatte. „Und dann machen sie Überfälle. Vor ein paar Nächten haben wir selbst gesehen, wie sie eine Frau ganz in der Nähe überfallen und ihr alles abgenommen haben."

Im Frühjahr 1982 lief in Brasilien der Film „Pixote"[1] an. Er erzählt aus dem Leben eines verlassenen, auf der Straße lebenden Jungen, eines „abandonado". Der Film zeigt die Aussichtslosigkeit dieser Kinder und Jugendlichen, die ihren Lebensunterhalt auf kriminelle Weise sichern müssen, die keine „normale" Kindheit kennen, sondern nur den harten Überlebenskampf. Überleben in der „Freiheit" auf der Straße, sowie in den staatlichen Jugendanstalten (= Gefängnissen) der FEBEM, wo sie nicht selten der Willkür des Anstaltspersonals und Folterungen ausgesetzt sind.

An dem Abend, als ich mir den Film ansehe, ist anfangs das Kino fast gefüllt. Schon nach ein paar Minuten gehen die ersten, und nur etwa ein Drittel der Besucher sieht sich den Film bis zum Ende an. Ich bin empört. Einer der wenigen guten brasilianischen Filme, die versuchen, Realität widerzuspiegeln, findet so wenig Resonanz. Was haben die Besucher aus der Mittel- und Oberschicht erwartet? Action und Abenteuer oder Sex? War der Film zu lasch, ohne die Härte der amerikanischen, japanischen oder italienischen Filme, die natürlich auch Brasilien überrollen?

An Härte und skrupelloser Aufdeckung dessen, was vor der Kinotür schon wieder Realität ist, fehlte es nicht. Oder war das, was gezeigt wurde, zu realitätsnah? So alltäglich allerdings, daß es verdrängt wird?

Im Süden des Landes werden sie „trombadinhas" und „pixotes" genannt, im Norden „privetes" oder „maloqueiros". Und die Statistiken der Sozialforscher fassen sie unter „carentes e abandonados" zusammen. Auf über 30

1 Deutscher Titel: „Asphalthaie"

Millionen wird die Zahl dieser vernachlässigten, verlassenen und auf der Straße lebenden Kinder und Jugendlichen geschätzt. Das ist mehr als die Einwohner der sechs
lateinamerikanischen Länder zusammengenommen oder
die Hälfte der Bevölkerung der Bundesrepublik Deutschland. Etwa 130 Millionen Menschen leben heute in Brasilien, 70 Millionen von ihnen sind jünger als 18 Jahre.
Mehr als ein Drittel von ihnen leidet unter einem totalen
Mangel an für uns Selbstverständlichem wie Wohnung, Ernährung, Hygiene und gesundheitliche Versorgung, Bildung und Erziehung und soziale Sicherheit.
Unter ihnen sind drei Millionen „abandonados": Kinder
und Jugendliche, die kein festes Zuhause mehr haben,
sondern auf den Straßen leben. Kinder, die in die Misere
geboren wurden, Opfer einer ungerechten Weltwirtschafts-
ordnung, die Wenigen Reichtum verschafft.
   Drei Millionen verlassene Kinder, das sind die Einwohner der bundesdeutschen Millionenstädte Hamburg und
München zusammengenommen. Allein in der supermoder-
nen Metropole São Paulo, industrielles Zentrum des Landes, leben über 400.000, deren Zuhause die Straße ist.
   Viele Eltern haben keine Möglichkeit mehr, ihre Kinder mitzuversorgen und sind gezwungen, sie einfach auf
die Straße zu schicken oder auszusetzen. Ein Teil der Kinder verläßt aus eigenem Willen oder eigener Einsicht die
elterliche Wohnung. Draußen müssen sie selbst für ihren
Lebensunterhalt aufkommen und für Verdienstmöglichkeiten sorgen. Doch der Bereich der Dienstleistungen und
des kleinen Straßenhandels bietet keine Chancen mehr,
und oft bleibt nur der Weg zur Bettelei, zu Diebstahl,
Einbruch oder Prostitution.

Aus einer Zeitungsmeldung der „Folha de São Paulo"
vom 6.1.83:

Ausgesetzt unter einer Brücke

„Ein Mädchen, das wahrscheinlich vier Jahre alt ist,
braune Haut, große Augen, schwarze lockige Haare, geistig behindert und körperlich geschwächt, wurde in der
Nacht zum Dienstag von ihrer Mutter unter der Auto-
brücke von Glicério ausgesetzt.

Zusammen mit dem Mädchen hinterließ die Mutter einen Kinderwagen, einen Kleidungssack und einen Brief,
in dem sie von ihrem Drama berichtet. Ohne finanzielle
Mittel und unter Druck gesetzt von der Familie, bei der
sie arbeitet, fand sie keinen anderen Ausweg, als die Tochter ‚in die Hände Gottes' zu geben.

‚Ich habe schon alles versucht, um sie in ein Heim zu
geben', fügte sie hinzu, ‚aber ich habe nichts erreicht.'
(. . .) , . . . um Gottes willen, helft mir bitte. Ich habe
schon keine Möglichkeiten mehr, ich arbeite den ganzen
Tag bei anderen Leuten. Sie haben mir nur eine Woche
gegeben, um sie loszuwerden, ich kann sie nicht behalten,
ich muß arbeiten.' (. . .) ‚Sie ist vier Jahre alt, spricht
nicht, geht nicht, hat Herzschmerzen, ißt fast kein salzi-
ges Essen. Bitte, helfen Sie diesem Mädchen. Sie heißt
Marta. Es ist sehr schwierig für mich, helfen Sie um Gottes willen. Viel Glück, Martinha, und Gott helfe dir.'"
Viele der verlassenen, ausgesetzten Kinder landen irgendwann in ihrem Leben in den staatlichen Jugendanstalten
der FEBEM, einer „Einrichtung zum Wohlergehen der
Minderjährigen". Von der Polizei oder den Jugendämtern
von den Straßen gefischt, sind sie in diesen Anstalten oft
einer unbegreiflichen Gewaltsituation ausgesetzt. Nicht
selten hört man von Selbstmorden in der FEBEM oder
gar von Morden und Mißhandlungen der Kinder und Jugendlichen untereinander oder durch die Anstaltsfunk-
tionäre. Erziehungsmethoden wie Prügel oder Folter sind
noch immer alltäglich.

Wohin?

Der renommierte brasilianische Journalist Carlos Alberto Luppi hat ein Buch mit Berichten von und über diese Kinder herausgebracht. Der Titel: „Jetzt und in der Stunde unseres Todes – Das Massaker an Minderjährigen in Brasilien". [1] Zwei Berichte aus diesem Buch sollen das, was behauptet wurde, belegen:

João R.T., 13 Jahre, hat sechs Monate in einer Abteilung der FEBEM verbracht. Jetzt erzählt er den Journalisten: „Sie schlugen mir auf den Rücken und den Hals, mit Brettern und Gummistöcken, die Nägel und Eisenkugeln an ihren Enden hatten. Nachts kamen vier oder fünf Wächter, um uns zu vergewaltigen. Sie haben auch die Mädchen vergewaltigt. Wir haben geschrien, aber das half

1 Eine deutsche Ausgabe ist bisher noch nicht erschienen.

nichts. Einige Male habe ich welche mit riesigen Verletzungen gesehen, mit gebrochenen Armen, mit geschwollenen Füßen und Händen. Diese Kinder waren in abgesonderten Zellen, wo sie vor Schmerz schrien, ohne daß ihnen wer half. Die Polizisten holten dann andere Kinder und bedrohten sie immer wieder, sie zwangen sie, andere zu ihrem Vorteil zu überfallen. Das war die Hölle." (Seite 21)

A. da Silva, 15 Jahre, „abandonado":
„Ich habe viel in der FEBEM gelitten. Wenn ich ins Bett gepißt habe, haben sie mich in eiskaltes Wasser gesteckt und mich mit einem Stück Autoreifen geschlagen, und ich war auch im Todeskorridor[1]. Sie haben mich von sechs Uhr morgens bis sieben Uhr abends und bis Mitternacht ohne Pause auf der Kaffeepflanzung hacken lassen. Einmal hat ein Mann, den sie Cabral nannten, sich ein paar Jungen genommen und die haben mich in einen Ameisenhaufen geworfen, danach haben sie mich noch mehrmals geholt und mich auf eine Bienentraube geschmissen, und sie wollten meinen Kopf fünf Minuten drin lassen, und dann ist der Direktor gekommen, und sie haben gelogen, haben gesagt, daß ich dabei war, das Gesicht zu waschen. Ich habe gar nichts gesagt, denn sonst hätten sie mich wieder durch den Todeskorridor geschickt, und sie haben gesagt, daß sie mich acht Stunden durch den Korridor schicken würden ... Als ich mit Joaquim in der FEBEM war, da haben wir gestohlen, geraucht, Klebstoff geschnüffelt, all das, was in der FEBEM zum Alltag gehörte. Ich habe die Wahrheit gesagt, und wenn ich heute einen Typ vor mir sehe, der das macht, entweder zanke ich mich

1 Der Todeskorridor ist eine der härtesten Strafen für die Kinder und Jugendlichen in den staatlichen Einrichtungen. Wie beim preußischen Spießrutenlaufen müssen sie zur Strafe durch einen Schlauch der knüppelnden Anstaltsjugendlichen hindurchlaufen. Wer, je nach Ermessen der Wärter, nicht doll genug schlägt, also den Sträfling schont, muß selbst durch den Todeskorridor.

oder ich kloppe mich gleich mit dem Kerl, die wissen gar nicht, was sie da machen ... Nein, ich weiß nicht mehr, was ich noch soll, ich fühle mich, ich fühle mich, Sie wissen schon, was ich meine. Ich will nur, daß sie mir eine Schule geben und eine ausreichende Arbeit, daß ich wieder wer sein kann im Leben ... Wissen Sie, ich habe schon so viele Schwierigkeiten gehabt und bin erst 15 Jahre alt, und ich will raus aus diesem Leben. Ich bin noch ein Junge, aber nachher, wenn ich erwachsen geworden bin, und wenn ich noch so sein werde, wie ich vorher war, dann kann ich nichts mehr machen, verstehen Sie? ... Einmal, da habe ich angefangen zu weinen, richtig zu weinen. Ich habe dann aufgehört und geschlafen, und ich habe angefangen zu weinen und zu träumen, an dem Mal, als ich mit Joaquim abgehauen bin. Bring mir das Badetuch und die Hausschuhe und ein paar Sportschuhe und eine Hose und ein Hemd auch, ein paar Süßigkeiten und eine Zigarette, bitte, ich bitte ..." (Seite 96)

Kinderträume von Kindern, die eigentlich nie Kind gewesen sind, deren Kindsein ihnen versagt wurde. Diese Kinder wissen genau, welche Rolle sie in dieser Welt spielen. Ihre Träume und Sehnsüchte verblassen schnell unter der alltäglichen Erfahrung der Erniedrigung durch andere. Hilfe haben sie nicht zu erwarten. Brasilien investiert nicht in seine Kinder, da die Zukunft des Landes nicht von der Zukunft seiner Kinder abhängt. So sind sie für viele der Abschaum der Gesellschaft: ,,Sie müssen weg, nur weg! Runter von den Straßen! Einsperren, alle einsperren! Und hart durchgreifen!" Die ,,besseren" Schichten kümmern sich nicht um das Schicksal dieser Kinder.

Ein Leserbrief im „Diário de Pernambuco":
Ein großes Problem

„Ob bei Feiertagen oder im Alltag, das Stadtzentrum von Recife ist voll von ihnen, und unglücklicherweise sogar mit einer Tendenz der ständigen Zunahme. Dabei handelt es sich nicht eigentlich um verlassene Minderjährige oder um bettelnde Arme, nichts dergleichen. Wenn es so wäre, dann fiele das Problem lediglich in den Zuständigkeitsbereich des städtischen Jugendamtes.

Morgens ganz früh fahren sie aus ihren vorstädtischen Wohnvierteln in das Zentrum, dabei stellen sie sich auf die hintere Stoßstange der Omnibusse und klammern sich an das Fahrzeug, ihre Waffe in der Hand: eine Dose Leim. Ein kurioses ziviles Miniheer, das sich täglich neu organisiert und dreist gegen uns alle agiert: wir werden von ihnen bestohlen, mit Schimpfwörtern traktiert, wenn wir ihre Aufmerksamkeit erregen, und sie sind auch zu schwerwiegenderen Verbrechen bereit. Als Folge ihrer unkontrollierten Zügellosigkeit werden sie zu wirklichen ‚Soldaten' oder ‚Helden' ihrer Übeltaten, denn sie kommen aus den verschiedenen Stadtteilen Recifes in völliger Eigenmächtigkeit und sind zu allem bereit. Schade ist, daß unsere achtbare Polizei meistens den Aktionen dieser ‚Professionellen' gegenüber ein Auge zudrückt, angeblich weil das Problem sie nichts angeht und weil es sich um Minderjährige handelt ... Entschuldigung, aber wir sind mit diesen Argumenten nicht einverstanden: Es sind Banditen im Kleinformat, die offen und entschlossen den Weg des Verbrechens und der Unordnung beschreiten. Homero do Rêgo Barros — Recife."

Aber Moment! Kennen wir diese Sprache nicht? Die Sprache derer, die zunächst einmal an sich selbst denken, an ihr eigenes Hab und Gut? Wie würden wir auf herumtreibende Kinder in unseren Städten reagieren, die auf unsere Autos aufpassen wollen? Stellen wir es uns vor: Wenn wir ihnen das Geld verweigern, merken sie sich unsere Wagennummer, und beim nächsten Mal haben wir einige Kratzer im Lack. Was würden wir fordern, wenn uns Kinderbanden am hellichten Tag in der Innenstadt überfallen und sich flugs in alle Winde zerstreuen? Wo bliebe dann unsere Moral, hungernden Kindern helfen zu wollen?

Am Ende der Kette erbarmungsloser Zustände und hoffnungsloser Verarmung stehen die Straßenkinder. Doch sie wehren sich. In São Paulo gibt es schätzungsweise bereits 1.200 Kinderbanden, die über ein riesiges Waffenarsenal verfügen. Gewalt ist die Antwort auf Hunger, Unterdrückung, Hoffnungslosigkeit und Leiden, über die die Ausbeuter dieses Landes arrogant hinwegsehen. „Tropas de choque" − Schocktruppen nennt man die, die mit Gewalt auf das reagieren, was ihnen widerfährt. Stilette, Pistolen und sogar Maschinengewehre in Kinderhänden ...

Kinderbande

Mein Kleiner (O Meu Guri) von Chico Buarque de Hollanda

Junger Mann, als mein Sprößling zur Welt kam,
paßte mir das eigentlich gar nicht,
wurde schon mit einem Hungergesicht geboren,
und nicht mal einen Namen hatte ich ihm zu geben.
Wie ich ihn durchbrachte, kann ich nicht sagen.
Wir haben uns irgendwie durchgeschlagen,
und wie Kinder so sind, sagte er mir eines Tages,
du wirst es ja sehen, ich bring es zu was.
Ach du, mein Kleiner, sehen Sie,
sehen Sie, das ist mein Kleiner, und da kommt er.
Kommt verschwitzt und gehetzt von der Arbeit
und bringt mich immer mit einem Geschenk in Verlegen-
heit,
so viele goldene Ketten, junger Mann,
daß ein Hals dafür nicht ausreicht.
Er brachte mir eine Handtasche, schon mit allem drin,
Schlüssel, Sparbuch, Rosenkranz und Amulett,
ein Taschentuch und einen Haufen Dokumente,
damit ich mich endlich ausweisen kann,
ach du, mein Kleiner, sehen Sie,
sehen Sie, das ist mein Kleiner, und da kommt er.
Kommt nach Hause mit einer ganzen Ladung,
Armband, Zement, Uhr, Reifen, Rekorder.
Ich höre nicht auf zu beten, bis er daheim ist,
denn all diese Überfälle sind ja furchtbar.
Ich tröste ihn, er tröstet mich,
er kuschelt sich an mich, und dann schlaf ich ein,
plötzlich wach ich auf, schaue zur Seite,
und dieser Bengel ist schon wieder auf und davon,
ach du, mein Kleiner, sehen Sie,
sehen Sie, das ist mein Kleiner, und da kommt er.
Kommt gedruckt, ganz groß in der Zeitung, mit Bild und
verbundenen Augen, den Anfangsbuchstaben seines Na-
mens
im Text,
ich verstehe die Welt nicht mehr, junger Mann,
so ein Spektakel für nichts,
mein Junge im Gebüsch, ich glaube, er lacht sogar,
so schön liegt er da, ausgestreckt,
habe ich es nicht gleich gesagt, junger Mann?
Er meinte, er bringt es zu was.

Kinderhände auf Äckern und Plantagen

Woher kommt es eigentlich, daß Armut und Elend in Brasilien ständig wachsen, daß Elendsviertel aus dem Boden schießen und riesige Menschenmassen vom Land in die Stadt und ruhelos von einer Stadt in die andere wandern?

Auf dem Land finde ich zwar nicht die Hauptursachen der Ungerechtigkeit, denn die müssen wir suchen, wo Ausbeutung geplant wird, wo man auf Kosten anderer billig investiert, wo Skrupellosigkeit und Arroganz zum Himmel schreiende Lebensumstände einfach ignorieren.

Aber auf dem Land treffe ich Verhältnisse an, die die Ausbeutung von Kindern deutlicher zeigen. Kinder auf dem Land werden meistens noch rücksichtsloser um ihre Kindheit betrogen, als ihre Leidensgenossen in den Städten.

Die Hände der Väter reichen nicht aus, um das zu erwirtschaften, was die Familie braucht. Zu gering ist der Ertrag der Kleinbauern, nicht ausreichend der Lohn der Landarbeiter. Und die, die hinausgeworfen oder von ihrem Land vertrieben werden, weder Arbeit noch Grund und Boden woanders finden, verstärken das Heer der Arbeitslosen. Die Besitzer der riesigen Fazendas stört die Not der um ihre Existenz Kämpfenden nicht. Auf dem freien Markt können sie ihre Produkte so billig verkaufen, daß sie dadurch die kleinen Bauern an die Wand drücken. Sie zwingen sie zur Aufgabe, treiben sie zum Verkauf und erschwingen das freigewordene Land zu einem äußerst niedrigen Preis. Je mehr Boden die Fazendeiros ergattern, desto größer wird ihre Macht und desto größer wird auch die Unterstützung durch Banken und Regierung. Und je mehr Arbeitslose sie vorfinden, desto mehr können sie den Lohn drücken. Zu Erntezeiten lassen sie arbeitssuchende clandestinos für einen Hungerlohn auf ihren Plantagen schuften.

Aber noch vorteilhafter für die Fazendeiros ist die Kinderarbeit. Einerseits gibt es für arbeitende Kinder keine Rechte, wie sie teilweise für die Arbeiter bestehen, und andererseits erhalten sie für meist gleiche Leistungen die Hälfte des ohnehin niedrigen Landarbeiterlohns. Ein Fazendeiro weiß, daß er mit der Arbeit der Kinder rechnen kann, denn der Lohn, den er den Vätern zahlt, reicht ja nicht aus. So bewegen sich die armen Familien in einem teuflischen Kreislauf.

In Brasilien verfügen knapp neun Prozent der Landbesitzer über vier Fünftel der landwirtschaftlichen Fläche. Den Rest teilen sich über 90 Prozent Klein- und Mittelbauern. Fast zwei Drittel dieser Gruppe verfügt über ein Stück Land, das nicht größer ist als zehn Hektar. Viele jedoch liegen sehr weit unter dieser Grenze. So haben diese Kleinstbauern im Durchschnitt nur einen kleinen Flekken von etwa drei Hektar. Und der Boden ist sehr unterschiedlich. Oft sind es die Großgrundbesitzer, die auf riesigen, fruchtbaren Ländereien ihre Rinderherden weiden lassen oder in Monokulturen Zuckerrohr anpflanzen, während sich die Kleinbauernfamilien auf knochentrockenem Land schinden, um zu überleben.

Kinder helfen überall da mit, wo sie gebraucht werden. Ob als Rinderhirten oder Kaffeepflücker. Ob als Zuckerrohrschneider zwischen dem rußbeschmierten, abgebrannten Röhricht oder ob sie irgendwo im trockenen „Sertão" schwitzend mit einer Hacke versuchen, den harten Boden aufzulockern. Kinderhände sind in Brasilien überall auf Äckern und Plantagen zu finden. Nahezu ein Viertel aller landwirtschaftlich Beschäftigten sind Kinder unter 15 Jahren.

Folha de São Paulo, 7. April 1982:

Minderjährige ‚bóias-frias' arbeiten in Lins (im Staat São Paulo)

„Bauru. – Der Direktor des Instituto Paulista de Promoção Humana (IPPH), Pater José Augusti, hat bekanntgegeben, daß es allein in der Region von Lins mehr als 1.500 Minderjährige im Alter bis zu 14 Jahren gibt, die ungesetzlich als ‚bóias-frias' arbeiten und nicht zur Schule gehen.

In Übereinstimmung mit dem Direktor des IPPH – eine in Verbindung zur Kirche stehende Körperschaft – geben die mit der Anwerbung der Kinder zu ‚bóias-frias' beauftragten Arbeitsvermittler einige Ungesetzlichkeiten zu: Die Minderjährigen haben keine Arbeitsbescheinigungen, sie verdienen die Hälfte des an Erwachsene gezahlten Lohns, arbeiten täglich acht Stunden und führen gesundheitsschädigende Aufgaben aus, wie das Sprühen von Pflanzenschutzmitteln.

‚Die Kinder sehen nach wenigen Jahren aus wie Alte. Das Schlimmste ist, daß ihnen ohne Schulbesuch die Zukunft verbaut ist', gibt der Pater an.

Die Aussagen des Direktors der IPPH können mit Leichtigkeit auf irgendeinem Grundbesitz der Region überprüft werden, hauptsächlich auf denen mit Kaffee- oder Zuckerrohrkulturen.

Aurenito Carvalho dos Santos zum Beispiel ist 14 Jahre alt und arbeitet zur Zeit auf einer der Kaffeefazendas von Pirajuí. Im vergangenen Jahr, als er die Schule verließ, wurde er ‚bóia-fria' und steht jetzt um 5 Uhr morgens auf, um von 7 bis 17 Uhr zu arbeiten. Aurenito macht nur zwei Pausen während des Arbeitstages: eine zum Frühstück um 9 Uhr und die andere zum Mittagessen um 13 Uhr.

Die 12jährige Solange Tavares de Paiva Ramos hat den gleichen Tagesablauf wie Aurenito, mit dem Unterschied, daß sie immer noch zur Schule geht – zur Abendschule.

Ein anderes 12jähriges Mädchen, Giselda Rosemire de Castro, erzählt, daß sie bis zum letzten Jahr zur Schule ging. Als ihr Vater seine Arbeit verlor, mußte sie Geld verdienen. Heute arbeitet Giselda täglich acht Stunden (sie rodet, pflanzt, pflückt, sprüht Gift gegen Kaffeeschädlinge) und erhält 7.000 Cruzeiros monatlich.

,All diesen Kindern', so sagt der Pater voraus, ,wird man bald die Folgen der schweren Arbeit und der Unterernährung anmerken. Vielen droht Gedächtnisverlust und die meisten bekommen massive Schwierigkeiten mit dem logischen Denken.'"

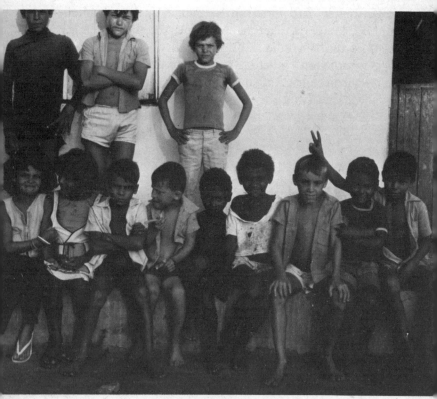

Kinder auf dem Land

Mit fünf Jahren ins Zuckerrohr

An einer kleinen Landschule in der „Mata Sul" in der Nähe des Ortes Riberão im Süden von Pernambuco machen wir halt. José Sebastião, Gewerkschaftsführer der Zuckerrohrarbeiter in der hiesigen Gemeinde, den ich durch die Gewerkschaftszentrale der FETAPE in Recife kennengelernt habe, stellt mich der Lehrerin der Schule vor. Es ist Pause, und die wenigen Kinder halten sich im Schatten des Gebäudes auf, das nur einen Klassenraum hat. Noch ehe José Sebastião ganz aussprechen kann, daß ich mich für die Situation der Kinder in der „Zona da Mata" interessiere, legt die Frau los.

„Es ist schlimm, wie wir hier vernachlässigt werden. Sehen Sie, fünfundzwanzig Schüler habe ich für morgens eingetragen, und einunddreißig nachmittags. Alle Altersstufen von sieben bis vierzehn Jahre. Ich unterrichte Erst- und Viertklässler gleichzeitig. Aber viele Kinder fehlen oft oder kommen erst gar nicht zur Schule."

Danach gefragt, warum die Kinder fehlen, antwortet sie:

„Wegen der Arbeit. Die müssen beim Zuckerrohrschneiden helfen. Es passiert nicht selten, daß die Siebenjährigen schon mit 'raus müssen auf die Plantagen."

José Sebastião, der selbst bis vor fünf Jahren Zuckerrohrschneider war, weiß, daß es nicht der Fehler der Eltern ist, wenn sie ihre Kinder nicht zur Schule schicken können. Schon früh müssen die Kinder zum Schneiden des Zuckerrohrs auf die riesigen Felder, die wenigen Großgrundbesitzern gehören. Schon früh müssen sie mithelfen, den minimalen Lohn ihrer Eltern ein wenig zu verbessern.

Das Zuckerrohr bestimmt das Leben der Menschen in der Zona da Mata, wie der bis an die Spitze von Rio Grande do Norte sich hochziehende Küstenstreifen genannt wird. Stundenlang kann man durch diese Landschaft fahren und nichts anderes sehen als das grüne Rohr, das an eine blutige Vergangenheit erinnert. Dazwischen Menschen, die beim Schneiden sind, Lastwagen, die das Zukkerrohr zur Verarbeitung in die „usinas", die dampfenden und keuchenden Zuckerrohrfabriken, fahren. Und hin und wieder tauchen die kärglichen Lehmhäuser der Zukkerrohrarbeiterfamilien auf. Manchmal sieht man einzelne, aber meistens sind sie in Zehner- oder Fünfzehnerreihen zusammengebaut. Die Häuser gehören den Plantagenbesitzern, die auf ihren Feldern in der Saison (September bis April) etwa 150 Arbeiter beschäftigen, darunter viele Kinder, die unter der Arbeitskarte ihrer Väter mitarbeiten. Jungen im Alter von sieben oder acht Jahren, die in der Schneidesaison den Akkordertrag erhöhen. Dadurch kann der für den Arbeiter gesetzlich geregelte und von den hiesigen Gewerkschaften hart erkämpfte „salário mínimo" von knapp 200 Mark verbessert werden. Es ist nicht selten, daß ein Zuckerrohrarbeiter zwei oder drei Söhne mit ins „cana" nimmt. Wie alle müssen sie um sechs Uhr aufstehen und den Tag über in den Feldern verbringen.

Die Kinder, deren Väter nicht fest angestellt sind, sondern nur in der Saison aus den nahe gelegenen Orten mit Lastwagen herangekarrt werden, haben es noch schwerer. Sie werden um fünf abgeholt und kommen abends beim Dunkelwerden wieder nach Hause. In der Zwischenzeit müssen sie das Äußerstmögliche herausholen, denn die Schneidesaison dauert für sie meist nicht lange: vielleicht ein paar Wochen oder ein paar Monate — je nachdem, wie oft sich der vom Plantagenbesitzer angeheuerte Arbeitsvermittler für sie entscheidet, wenn sie ihm morgens um fünf in ihrem Ort ihre Arbeitskraft anbieten. Nur wenige dieser „clandestinos", dieser Schwarzarbeiter, die keine Rechte besitzen, erreichen es, die ganze Saison über zu arbeiten. Und Lohnforderungen können sie erst recht nicht stellen. In der Saison wird ihr Arbeitstag oft mit weniger als drei Mark bezahlt. Die restliche Zeit des Jahres sind sie arbeitslos.

Schon früh werden die Landkinder auf die Arbeit vorbereitet. Bevor die Jungen in das „arbeitsfähige" Alter kommen, helfen sie der Mutter und den älteren Schwestern, die die Hausarbeit verrichten. Zu den wichtigsten Aufgaben gehört das Wasserholen. Kaum eine Landarbeiterfamilie in der Zona da Mata hat einen eigenen Wasseranschluß, sondern muß mehrere Male am Tag zu einem Brunnen gehen. Wasser aus einem Hahn zu bekommen, das ist für fast alle Menschen hier unvorstellbarer Luxus.

Bereits im Alter von sieben Jahren beginnt die harte Arbeitsteilung. Die Mädchen arbeiten im Haus, die Jungen auf der Plantage. In Notfällen kommt es auch vor, daß Mädchen und Frauen mit ins Zuckerrohr gehen.

„Hin und wieder sieht man auch Fünfjährige im cana", sagt mir José Sebastiǎo, als ich aus dem Gewerkschaftsjeep ungläubig einem kleinen Kind hinterherstarre, das über das geschnittene Rohr steigt.

„Die Kleinen bringen Verpflegung oder Wasser, hacken Unkraut für ihre Väter und ab sieben bekommen sie das Schneidebeil in die Hand", fügt er hinzu.

„Und die Gewerkschaft?" frage ich.

„Die Gewerkschaften können da nur wenig machen. Sie sind überlastet. Sie müssen zum Beispiel die kranken oder verletzten Arbeiter betreuen."

Den brasilianischen Gewerkschaften ist vom Staat die Übernahme der Krankenversicherungen auferlegt worden — eine der vielen Maßnahmen, um ihre Schlagkraft zu schwächen. Blutige Unterdrückung durch das 1964 an die Macht gekommene Militär hat Gewerkschaften und Bauernligen fast vollkommen zerstört. Und dennoch konnten in den letzten Jahren einige bedeutsame Streiks in Pernambuco organisiert werden.

„Wir sagen den Leuten, daß sie ihre Kinder zur Schule schicken sollen", fährt José Sebastião fort. „Aber bei diesen Löhnen geht das ja nicht."

Das Beispiel folgt auf dem Fuße. An einer Schneidefront halten wir. Gleich richten -zig erstaunte Gesichter die Augen auf uns. Daß ich bestaunt werde, ist verständlich. Aber José Sebastião wird es genauso; er ist selten in dieser Gegend. Die Gewerkschaft hat einfach zuwenig Mitarbeiter, die sie bezahlen könnte. Auf unterer Ebene bleibt kaum Geld für die eigentliche Gewerkschaftsarbeit.

Zwei Kinder sind unter den Arbeitern, vom zeitsparenden Abbrennen der verdorrten Blätter des „cana" am ganzen Körper mit Ruß beschmiert. Ich frage sie nach ihrem Alter. Zwölf und vierzehn Jahre, antworten sie.

Vierzehnjährige Kinder sind doch viel größer, oder wollen die beiden aus Angst ihr wahres Alter nicht angeben? Die Gesetzgebung erlaubt Kinderarbeit erst ab 14 Jahren, in besonderen Fällen (und wenn der Schulbesuch nicht gestört wird) ab 12 Jahren. Doch keiner der beiden war länger als ein paar Wochen zur Schule gegangen.

Ein Mann, mit dem José Sebastião sich unterhält, hat seinen achtjährigen Sohn bei sich, der ebenfalls nicht zur Schule geht.

„Ich unterrichte ihn selbst", sagt er entschuldigend.

„Aber weißt du, daß heutzutage schon was ganz anderes in der Schule gelehrt wird als zu unseren Zeiten?" entgegnet der Gewerkschafter.

„Natürlich war das nur eine Ausrede", meint José Sebastião später. „Wenn die Kinder abends nach Hause kommen, sind alle kaputt. Hier kann eben keiner seine Kinder zur Schule schicken. Manchmal ist sie auch viel zu weit weg."

Zwar sind die großen „engenhos", die ehemaligen Zuckersiedereien mit ihren riesigen Landgütern dazu verpflichtet, Schulen einzurichten. Aber wo finden sich heute noch Lehrer, die für oft noch weniger als die gesetzlich festgelegten 200 Mark (1982) auf einer Landschule unterrichten.

In der Zentrale der FETAPE in Recife erfahre ich mehr über diese Mißstände. Ein Gewerkschaftsführer aus der „Mata Norte" erzählt, daß in seinem Ort die Lehrerin schon 45 Schüler hat und jetzt bald 70 betreuen soll. Ihr Lohn wird nicht erhöht und der einer anderen Lehrkraft eingespart. In der nördlichen Region Pernambucos, aus der der Gewerkschafter stammt, haben nur 5,5 Prozent der Bevölkerung die Schule abgeschlossen. 58 Prozent sind Analphabeten. In der „Mata Sul" sind es 70 Prozent. Und mehr als die Hälfte der Kinder zwischen sieben und vierzehn Jahren geht nicht zur Schule. Man sagt mir, daß in der Mata Norte 50 Prozent der Jungen zwischen sechs und zwölf auf dem Land arbeiten, in der Mata Sul sollen es sogar 80 Prozent sein.

Auf mindestens 50.000 wird die Zahl der Kinderarbeiter geschätzt, die in der Zona da Mata Pernambucos arbeiten. Das ist ein Sechstel der 300.000 Zuckerrohrarbeiter. Die Lebenserwartung der Bevölkerung lag 1981 bei durchschnittlich 22 Jahren. Aber das ist nicht nur eine Folge der Kinderarbeit, sondern auch des Hungers, den die Menschen erleiden. Brasiliens berühmtester Ernährungswissenschaftler Nelson Chaves hat unzählige Studien über den Zuckerrohrgürtel Pernambucos gemacht:

„Die Menschen sind unterernährt, haben eine verringerte Arbeitskraft. Sie brauchen für das Schneiden des Zuckerrohrs 3.500 Kalorien pro Tag und bekommen 1.500."

Damit sind sie schlechter ernährt als die Sklaven in Nordostbrasilien im letzten Jahrhundert. Weiter berichtet er von den Lernschwierigkeiten der Kinder, die durch den Hunger der schwangeren Frauen und den Hunger der Kinder in den ersten 18 Lebensmonaten hervorgerufen werden.

„Unter den Kindern zwischen eins und vier Jahren habe ich festgestellt, daß der durchschnittliche Intelligenz-

quotient 74,6 Prozent war, während er bei einer gut er-
nährten Gruppe bei 98,3 Prozent lag", sagte Chaves in einem Interview mit der Zeitung „Jornal da Cidade" am
22.8.81.

Kleinwuchs ist neben Gehirnschäden eine weitere Folge von Unterernährung. Viele der Menschen, die mir be-
gegnen, sind nicht größer als 1,60 m. Die Durchschnitts-
größe der Bevölkerung gleicht sich nach Aussagen von
Wissenschaftlern allmählich der der afrikanischen Pyg-
mäenvölker an.

Im Agreste

Ungefähr 120 Kilometer von Recife landeinwärts liegt der kleine Ort Camocim de São Félix, in dem ich eine deutsche Entwicklungshelferin besuchen will. Drei bis vier Stunden braucht der Bus, um diese Strecke zu bewältigen. Bis weit hinter die Vororte Recifes scheint es mir, als hielte der Fahrer alle paar Minuten. Ganz Recife ist mit Favelas überzogen. Ihre Größen schwanken zwischen vier Hütten mit dreißig Bewohnern, die an irgendeiner Stelle neben einem Brückenpfeiler ein Stückchen Morast am Flußufer halbwegs urbar gemacht haben, und den ausgedehnten Elendsvierteln Recifes, die 25.000 oder 30.000 Menschen zählen. Je weiter die Favelas von der Innenstadt entfernt liegen, desto geringer sind die Chancen, als einer unter vielen tausend Arbeitsuchenden einen Job zu bekommen, der das Geld bringt, um wenigstens nicht zu hungern. Denn je weiter außerhalb man wohnt, desto dringlicher wird die Frage, ob es sich bei den teuren Busfahrten überhaupt lohnt, für einen minimalen Lohn in der Stadt zu arbeiten.

Gleich hinter der Stadtgrenze beginnen die Zuckerrohrfelder, und viele der Menschen aus den Stadtrandgebieten versuchen, als Tagelöhner wenigstens für einige Zeit auf den Plantagen zu schuften. „Bóias frias" (kalte Blechdosen) werden sie nach ihren Essensnäpfen genannt, die nach einem halben Tag harter Arbeit kalt geworden sind. Zu vierzig, fünfzig oder sechzig transportiert man sie auf einem Lastwagen zu ihrer Arbeitsstelle, schlimmer als Vieh.

Nach fünfzig Kilometer Zuckerrohrmonokultur beginnt der Agreste, der Streifen zwischen der fruchtbaren Zona da Mata und dem trockenen, dürren Hinterland, dem Sertão. Agreste, das heißt übersetzt: rauh und wild. Genauso rauh und wild wie das Land sind auch die Sitten der Großgrundbesitzer.

„Heute", sagt José Rodrigues, Präsident der FETAPE, der Landarbeitergewerkschaft Pernambucos, „wenn wir heute an einen beliebigen Ort in den Sertão oder in den Agreste kommen und fragen, was das größte Problem ist, sagen sie uns, daß das Land fehlt, um zu arbeiten. Und, gibt es das Land denn nicht? Das Land gibt es schon! Aber vor zehn Jahren standen da noch Häuser, Wohnungen, ‚sítios', alles war bepflanzt. Heute sieht man nur noch das Grün vom Gras und sonst nichts. Die Leute sind in die Randgebiete der Städte gezogen und leiden Hunger. Die Viehwirtschaft hat die Menschen vom Land vertrieben. Denn die Regierungsprojekte besagten, daß der, der Land besitze, auch das Recht zum Leben hat. Das hatte natürlich großen Anreiz: Geld für den, der Land hat. Das ist kein Problem, da sind die Banken offen. So ist es besser, das Volk geht und sie haben das Land für sich, denn sie haben auch das Geld zum Investieren. Also, der Arbeiter ist immer am meisten unterdrückt worden, mit Räumungen, Bedrohungen, Mord. Die Polizei ist gegen die Arbeiter, und die ‚jagunços', die angeheuerten Pistolenmänner, verfolgen die Arbeiter."

„Pecuaria", Viehwirtschaft, ist der Trumpf der Großgrundbesitzer im Norden und Nordosten Brasiliens. Da mischen selbst multinationale Konzerne wie Nestlé oder Volkswagen mit, die riesige Flächen·im Amazonasgebiet aufkaufen oder sie sich kurzerhand durch Landvertreibungen sichern.

„Die Politik ist immer für die Reichen gewesen. Wir sind arm und werden wohl immer arm bleiben", sagt mir ein Bauer, der drei Hektar Land besitzt und mit dem Ertrag eine siebenköpfige Familie ernähren muß. Wir stehen vor seinem neuangelegten Maracujá-Feld, das einen Hektar ausmacht. Dadurch erhofft er sich in drei oder vier Jahren einen guten Gewinn. Doch erst einmal muß er seine Schulden bei der Bank abzahlen.

Was aber, wenn die Preise für Maracujá fallen und kein Gewinn mehr zu erzielen ist? Dieser Alptraum, durch die Marktmechanismen der kapitalistischen Wirtschaft oft Realität, bedroht die Bauern. Viele müssen aufgeben und ziehen fort.

Aber noch kämpfen viele Kleinbauern. Unter ihnen José Paixão, der eigentlich mit seinen vier Hektar bebautem Land einer der Bessergestellten ist. Und trotzdem müssen seine beiden sechs- und zehnjährigen Söhne mithelfen. Sie müssen hart arbeiten, allein schafft es der Vater nicht.

„Wie verläuft gewöhnlich Ihr Arbeitstag?" frage ich Senhora Paixão.

„Wir schneiden Gras, pflanzen Bohnen und Mais. Wir jäten das Unkraut, bewässern unseren Acker, wir arbeiten den ganzen Tag, die ganze Woche."

„Wann beginnt für die Kinder der Tag?"

„Morgens fangen sie um fünf Uhr an zu arbeiten. Um halb sieben, nach dem Frühstück, gehen sie wieder zurück an die Arbeit. Kurz vor dem Mittagessen hören sie auf. Das ist so um halb zwölf. Dann pflücken sie noch ein paar Früchte und dann wird gegessen. Ja, und danach arbeiten sie wieder auf dem Acker, bis abends, bis um fünf. Um sieben gehen sie ins Bett."

„In welchem Alter haben Ihre Kinder angefangen zu arbeiten?"

„Beide mit sechs Jahren."

Um die Kinder für die Landarbeit zu motivieren, sollen sie im kommenden Jahr ein eigenes kleines Stück Land erhalten, das sie selbst bebauen können.

Wie viele Bauern um Camocim hat sich José Paixão vor Jahren einer Kooperative angeschlossen. Doch seit einiger Zeit, da …

Um ein wenig über die Geschichte dieser Kooperative zu erfahren, besuche ich den Landarbeiter Biu, der seit der Gründung auf dem Kooperativenland arbeitet. Er kennt den Verlauf der Ereignisse genau und ist froh, mir alles erzählen zu können.

1976 ist die Kooperative von Frei Paulo gegründet worden, einem katholischen Padre, der sich sehr für die Unterstützung der kleinen Bauern eingesetzt hat. Von der Gründung bis zu seinem zweijährigen Aufenthalt in Rom ist der Padre selbst der Leiter der Kooperative und Vorsitzender des ,,conselho de fiscalizacão", des Aufsichtsrates, gewesen. In der Zeit seiner Abwesenheit von 1979 bis 1981 hat sich die Kooperative dann von einer Einrichtung zur Unterstützung der Kleinproduzenten in ein ,,Nichts", wie Landarbeiter Biu sagt, verwandelt. Schlimmer noch, sie ist eine Einrichtung für die Fazendeiros geworden. Wie kam es dazu? Noch vor seiner Abreise hatte Frei Paulo das Amt des Leiters an einen Grundbesitzer abgegeben, der mit seinen sechzig oder siebzig Hektar schon aus der Schicht der armen Bauern herausstach.

,,Das war ein Fehler. Ich weiß nicht, warum Frei Paulo das gemacht hat. Das frag ich mich immer wieder", sagt Biu. Da der neue Leiter in seiner Verwandtschaft und Bekanntschaft die großen Fazendeiros hat, war es für sie eine Leichtigkeit, sich in die Kooperative hineinzustehlen. Innerhalb kurzer Zeit hatten die Großgrundbesitzer mit ihren Freunden und Helfern, darunter ,,doutores", was mächtig Eindruck machte, alles unter Dach und Fach gebracht. Sie brauchten die Stimmen gar nicht zu kaufen, um bei den Wahlen die führenden Posten zu gewinnen. Einfachste Manipulation wurde angewandt, und die zum größten Teil nicht lesekundigen Bauern übers Ohr gehauen. Zu den Versammlungen wurde mit wenigen Plakaten eingeladen, die nur im Ort selbst angeschlagen waren. Dort also, wo nur ein geringer Teil der Bauern öfters hinkommt. Und ohnehin verstanden nur wenige, was dort geschrieben stand. Auf den Versammlungen schließlich redeten die Fazendeiros und Doutores ohne Bedrängnis.

„Was sie sagten, mußte einfach richtig sein, denn es waren ja gebildete Leute. Denen mußte man glauben", sagt der Landarbeiter ironisch.

Mit simplen Manipulationen kamen sie an die Macht. Wichtige Entscheidungen wurden zum Beispiel bei einem Durcheinander gefällt, in dem sich keiner mehr orientieren konnte.

„Wer ist für den Fazendeiro A. als Vorsitzenden, wurde vom Leiter der Versammlung gefragt", berichtet Biu, „und alle, die für ihn waren, sollten sitzenbleiben. Aber da sowieso keiner etwas richtig mitbekam und alle irritiert waren, blieben die meisten sitzen."

So wurde dann der Nachfolger des damaligen Vorsitzenden gewählt, sein Verwandter, ein großer Fazendeiro. Das Kooperativstatut läßt zwar solche Übertragungen von Führungspositionen an Verwandte nicht zu, aber das stand nicht mehr zur Debatte.

Frei Paulo blieb nach seiner Rückkehr mit Müh und Not im Aufsichtsrat und wurde schließlich 1982 mit ähnlichen Tricks aus dem Rat gewählt.

„Für die Kleinbauern wird nichts mehr getan. Die bezahlen ihren Beitrag und dabei bleibt es", sagt Biu resigniert.

Ein von der Kooperative eingestellter Tierarzt, der für alle da sein soll, verbringt ganze Tage auf ein und derselben Fazenda und ist fast nie zu erreichen.

„Da kann ein Kleinbauer kommen und sagen, daß seine Kuh schwer krank ist, nun, die muß dann eben sterben."

Von den 32 Hektar Land der Kooperative ist einiges verpachtet, der andere Teil wird von ein paar Arbeitern und Kinderarbeitern versorgt. Der erwirtschaftete Mehrwert geht in die Kooperativkasse, aus der nicht selten der eine oder andere Betrag verschwindet, wie Biu erzählt. Ein luxuriös ausgestattetes Zentrum für Landwirte wurde unter anderem auch mit Geldern aus dieser Kasse gebaut. Aber wer von den kleinen „camponeses" kommt schon abends noch von weit her und vergnügt sich dort? Vor dem Haus stehen nur die Landrover der Großgrundbesitzer.

Einen der beiden Jungen, die auf der Kooperative arbeiten, besuche ich zu Hause und rede mit ihm und seiner Mutter. Amaro und ich sitzen auf zwei kleinen Höckerchen, die kaum höher als dreißig Zentimeter sein können.

„Wie alt bist du, Amaro?" lautet eine meiner ersten Fragen, die ich jedem Kind stelle. Amaro hat sein Alter noch nie behalten können. Warum auch? Er schaut zur Mutter hinüber:

„Wie alt bin ich, Mama?"

„Elf Jahre", antwortet sie.

„Ja, elf Jahre", sagt Amaro und schaut mich an, als wollte er sagen: Als ob es nichts Wichtigeres gäbe!

„Was machst du auf der Kooperative?" frage ich ihn weiter.

„Ich arbeite auf der Plantage. Jäte, stecke Stöcke, bewässere, binde die Tomaten, breche die Augen aus, pflanze, pflücke die Tomaten, tue sie in Kisten. Ich pflanze auch Kohl, Paprika, Salat, Zwiebeln. All diese Sachen."

„Und wieviel Stunden arbeitest du?"

„Neun Stunden. Von sieben bis zwölf. Und dann von eins bis fünf oder auch sechs."

„Wieviel Tage in der Woche?"

„Fünf, sechs oder manchmal auch sieben."

„Wieviel verdienst du?"

„Wenn ich fünf Tage arbeite, sind das 1.750 in der Woche. Sechs Tage bringen 2.100. Sieben sind ... Ja, sieben sind 2.450." Bei einer Fünf-Tage-Woche verdient er etwa zwanzig Mark.

„Seit wann arbeitest du dort?"

„Seit zwei Jahren."

„Hast du nie was anderes gemacht?"

„Nein, nur auf der Plantage. Immer nur da."

„Und warst du schon mal in der Schule, Amaro?"

„Drei Monate. Ich habe aber nie etwas gelernt", antwortet mir der Junge, als wenn das ohnehin egal wäre. „Die Lehrerin ging immer weg, ging spazieren und redete mit anderen und keiner hat was gelernt."

Senhora Conceição , Amaros Mutter, hat zehn Kinder. Keines geht zur Schule.

„Ich habe kein Kind in der Schule", sagt sie, „weil ich sie nicht hinschicken kann. Denn alle arbeiten. Und abends ... abends wollen sie nicht zur Schule. Tagsüber kann ich sie nicht hinschicken, denn wir brauchen das Geld."

Arbeit auf der Tomatenplantage

„Manche halten mich für reich, aber meine Kinder müssen arbeiten"

Gewerkschaftsführer José Rodrigues hatte die Viehwirtschaft angeprangert, die die Menschen vom Land vertreibt. Auch in der Gegend um Camocim de São Félix gibt es schon die großen Fazendas, die neben den traditionellen Kaffee-, Tomaten- oder Paprikapflanzungen auf „pecuaria" setzen und zusehen, daß sie alles an Land aufkaufen, was nur möglich ist. Für die Kleinbauern wird die Situation immer bedrohlicher. Ständig verkleinert sich ihr Anteil an der gesamten landwirtschaftlichen Fläche. Viele sind dazu gezwungen, sich als Landarbeiter mit oder ohne Arbeitskarte zu verdingen. Manch eine Familie erhält sich unter großen Schwierigkeiten ihr kleines Landgut, ohne den Unterhalt vollständig damit sichern zu können. Zuviel Land mußte wegen Geldschwierigkeiten verkauft werden, das höre ich immer wieder. Dann arbeitet nicht nur der Vater, sondern oft genug mehrere Familienmitglieder auf fremdem Boden. Das, was das eigene Land noch einbringt, reicht nur zum Eigenverbrauch.
Kämpfen müssen alle.

Auf einer Tomatenplantage in der Nähe Camocims sind von ungefähr fünfzehn Landarbeitern die Hälfte Kinder. Sie arbeiten täglich acht Stunden, oft auch noch am Sonntag.
„Ich bewässere, arbeite mit der Hacke, jäte in den Tomaten, pflücke und trage die Tomatenkisten", sagt mir der 14jährige Gilson, seit sechs Jahren Arbeiter auf den hiesigen Plantagen. Mal Paprika, mal Kaffee, mal Tomaten. Barfüßig hocken drei Kinderarbeiter mit mir zwischen den Stauden. 350 Cruzeiros bekommen die Jungen und Mädchen pro Tag, obwohl sie die gleiche Arbeit verrichten wie die Älteren, die 600 verdienen.

„Warum mußt du arbeiten?" frage ich Antonio.

„Weil es notwendig ist. Wenn ich nicht arbeiten würde, hätte ich nichts zu essen."

„Gibt es keinen freien Tag?"

„Doch, einen halben. In der Woche sind es sechseinhalb oder auch sieben Tage, die wir arbeiten."

Drei der Plantagen-Kinder laden mich für den Sonntag zu sich nach Hause ein, und ich lerne ihre Eltern kennen. Die Familie lebt auf einem kleinen „sítio" mit nicht einmal einem Hektar Land. Um den Lebensunterhalt zu sichern, müssen alle ihren Beitrag leisten und hart arbeiten.

Das mit Reisig und Lehm gebaute Haus ist nicht groß. Vielleicht dreißig Quadratmeter, denke ich mir, als ich in die „sala", in das Wohnzimmer, eintrete. Wohnzimmer? Nein, ein Wohnzimmer ist es weniger. Jedenfalls fehlt der Komfort, die Gemütlichkeit, der Polstersessel, in den man sich fallen läßt. Ich muß mich bücken, als ich in den dunklen Raum trete. Zwei kleine Fenster lassen das spärliche Licht herein. Ein Regal hängt an der Wand und ein Heiligenbild. Das ist alles. Senhor Félix, der Vater der Kinderarbeiter, seine Frau, zwei kleinere Kinder und ich nehmen auf kleinen Hockern Platz. Acht Personen wohnen hier – kaum vorstellbar.

Ich bin zum Essen eingeladen, und obwohl ich weiß, daß die Familie sich freut, einen Gast zu haben, ist es mir peinlich, das wenige wegzuessen, das ihnen noch bleibt. Aber Senhora Ferreira läßt nicht eher locker, bis ich mir noch ein paar Löffel Reis und Bohnen nehme. Senhor Félix freut sich, einen Gesprächspartner gefunden zu haben, fragt mich nach meiner Herkunft, nach dem Leben in meinem Land, was ich von Brasilien halte und wie ich die Zukunft beurteile, wo es doch gerade Wahlen gegeben hat. Er hält nichts von der Regierung in Pernambuco, die auf Grund von Betrug und Manipulationen wieder von der PDS, der Partei des Militärregimes, gebildet wurde. Da er Analphabet ist, durfte er nicht wählen. Der größte Teil der Nordostbrasilianer kann wie er weder schreiben noch lesen.

Nach dem Essen frage ich ihn, ob er mir von sich, seiner Familie und den Lebensbedingungen hier etwas erzählen möchte. Er willigt sofort ein und setzt sich, ein klein wenig aufgeregt, vor das Mikrofon:

„Mein Name ist Félix Ferreira de Assis. Geboren bin ich am 26. Juni 1928. Ich bin 55 Jahre alt. Ich arbeite als Bauer, mehr für die anderen, für die Mächtigen, als für mich selbst — weil ich wenig Möglichkeiten habe, und weil ich wenig Land besitze, nur 800 Klafter (knapp ein halber Hektar). Und wenn ich alles pflanzen würde, Apfelsinen, Cajú, Bananen, Kaffee ... selbst wenn ich all das anpflanzen würde, reichte das nicht, denn es ist wenig und schwaches Land. Wir haben keinen Dünger für die Erde.

Meine Kinder habe ich zum Arbeiten geschickt, um mir zu helfen, damit wir leben können. Die Schulzeit läuft, aber ich kann sie nicht zur Schule schicken, weil ich keine Möglichkeit dazu habe. Sie müssen arbeiten, um mir zu helfen, damit wir weder vor Hunger sterben, noch nackt herumlaufen. So versäumen sie die Schule, weil es auch keinen Gouverneur gibt, der mir hilft. Denn, wenn es eine Regierung gäbe, die helfen würde, dann könnte ich meine Kinder auch zur Schule schicken. Aber ich bekomme keine Hilfe von der Regierung. Was ich habe, ist wirklich nur die Lohnarbeit. Ich bin schon sehr krank und alt. Krank wegen vieler Beschwerden wie Schwäche, Rheuma. Ich kann auch keine schwere Arbeit mehr machen. Da muß ich meine Kinder einsetzen, in die Arbeit für die Reichen, damit sie mir helfen, daß wir überleben.

Nun, das ist viel Gewicht, wenn ein Kind von zehn Jahren eine Tomatenkiste von 25 Kilo trägt. Das Kind wird vielleicht noch kränker werden, als ich es bin. Wenn es fünfzig Jahre alt ist, kann es nichts mehr machen. Und wenn wir keine Regierung haben, die uns hilft, was heißt das dann? Ganz langsam sterben.

Auch wenn man für die Gewerkschaft bezahlt, die Gewerkschaft hilft mit nichts. Die reden bloß viel und nichts wird gemacht. Die helfen den Armen auch nicht. Die Regierung hilft nicht. Und der Lohn für einen Landarbeiter ist der, den die Mächtigen zahlen wollen.

Tomatenpflückerin

Nicht nur ich leide, es gibt andere, die noch viel mehr leiden. Viele Leute sagen, daß ich ja noch reich sei, aus ihrer Sicht. Denn die leiden viel mehr als ich.

Wenn ein Kind krank wird, was machen wir dann? Wir gehen zur Gewerkschaft in der Stadt, die zahlen soll. Aber die Gewerkschaft gibt dir ein Blatt weißes Papier mit Buchstaben. Ein Blatt weißes Papier macht aber überhaupt keinen gesund. Entweder dieses Kind stirbt oder, wenn nicht, wird es aufwachsen und die schwere Last behalten. Und wenn später mal die Möglichkeit zum Behandeln besteht, dann geht es nicht mehr, weil es zu spät ist. Das Geld der Armen reicht nur dafür, daß sie Maniokmehl und Bohnen essen können.

Das ist nicht nur hier so, sondern in vielen Gemeinden. Die Armut ist groß. Denn seit zwanzig Jahren hat keine Regierung den Armen geholfen. Wir sind ein leidendes Volk, vergessen von den Mächtigen."

Senhor Félix macht eine kurze Pause. Ich habe nicht gewagt, ihn zu unterbrechen. Jetzt nehme ich die Gelegenheit wahr, um mehr über seine Kinder zu erfahren:

„Wieviel Kinder haben Sie, Senhor Félix, und wie alt sind sie?"

„Ich habe acht Kinder. Die Älteste ist 23 Jahre und verheiratet. Die Zweitälteste ist achtzehn, eine fünfzehn, einer vierzehn, einer dreizehn, eine zehn, eines ist sieben und das jüngste ist fünf Jahre alt."

„Und welche arbeiten?"

„Die Kinder, die mir helfen, sind zehn, dreizehn, vierzehn und fünfzehn Jahre alt. Die Achtzehnjährige hilft nicht. Sie lebt in der Stadt als Hausmädchen und verdient nur wenig. Ein kleiner Lohn, der nicht für sie ausreicht."

„Und was verdienen die anderen?"

„Die anderen verdienen 350 Cruzeiros am Tag. Innerhalb von acht Stunden verdienen sie das. Damit sie was zum Anziehen haben und um Arznei zu kaufen und um mir beim Einkauf auf dem Markt etwas beizusteuern. Und damit ich und meine Alte auch etwas zum Anziehen haben und Arznei kaufen können, denn ich bin oft sehr krank. Ich verbrauche mehr für Arznei als für das Essen."

„Arbeiten Sie, Senhor, schon lange hier auf der Tomatenplantage?"

„Auf den Tomaten- und Gemüseplantagen habe ich 1958 angefangen zu arbeiten. Ja, 1958 habe ich auf den Tomatenplantagen der Mächtigen angefangen", antwortet der Landarbeiter zornig. „Ich habe mit Gift gearbeitet, das mich krank gemacht hat. Ich bin mit vielen Giften in Berührung gekommen, wie zum Beispiel Aldrin 50. Ich habe es mit bloßen Händen zubereitet. Heute schmerzen mich sämtliche Knochen."

„Seit wann arbeiten Ihre Kinder?"

„Meine Kinder haben immer mit acht Jahren angefangen zu arbeiten, um mir zu helfen. Vorher bleiben sie im Haus. Ich kann sie nicht in die Schule stecken, weil ich dazu keine Möglichkeit habe. Denn in die Schule geht kein Kind mit nackten Füßen. Bis jetzt hat mir keine Regierung geholfen, die Kinder in die Schule zu schicken. Die besten Regierungen waren die von Gétulio Vargas und Agamenon Magalhães in meiner Kindheit. Das waren die zwei besten Regierungen. Und danach, als ich älter war, war die beste Regierung die von Doutor Miguel Arraes."

„Und wie war es nach Miguel Arraes?"

„Nach Miguel Arraes bis heute habe ich keine einzige gute Regierung gesehen. Das waren Regierungen, die die Armut nur vergrößert haben."

Der Sozialist Arraes wurde 1962 zum Gouverneur von Pernambuco gewählt und 1964 nach dem Militärputsch abgesetzt, eingesperrt und dann ins Ausland abgeschoben. Sein Einsatz für die Unterdrückten, Arbeiter und Bauern ist besonders der armen Bevölkerung in Erinnerung geblieben. Eine seiner Maßnahmen war eine 300prozentige Lohnerhöhung für die Zuckerrohrarbeiter. Nur wenige

Tage später war ein Großteil der Geschäfte in Recife ausverkauft.

„In der Zeit von Miguel Arraes hatten wir noch Land, um es zu bearbeiten und einen besseren Verdienst. Wir hatten einiges mehr. Vorteile auf der Seite der Armen. Und danach haben sie Doutor Miguel Arraes aus Pernambuco vertrieben, und die Lage verschlechterte sich hundertprozentig für die Kleinen. Sie haben uns bis zum Gehtnichtmehr unterdrückt."

„Ihre Kinder waren also bis jetzt nicht in der Schule?"

„Die Kinder sind schon zur Schule gegangen, aber in keine richtige Schule, denn sie arbeiten ja viel. Sehr unglücklich kommen sie nach Hause, so um sechs oder sieben Uhr abends. Nun, wenn sie Kaffee getrunken und sich gewaschen haben, hat die Schule schon angefangen. Sie gehen ja erst abends lernen, wegen der Arbeit. Aber oft verpassen sie den Unterricht.

Das bin nicht nur ich hier auf den sítios in Cochus in der Serra Verde. Es gibt viele Familienväter, die damit rechnen, daß es noch schlechter wird. Denn wir haben keine Hilfe. Wenn wir wen hätten, der den Armen helfen würde, könnte die Lage schon morgen besser sein. Kann sein, daß es morgen mehr studierte Leute gibt, erfahrenere Leute, mehr Menschen für die Gemeinschaft, vereint, ein Brasilianer mit dem anderen. Denn heute lebt kein Brasilianer vereint mit dem anderen, weil es keinen Unterricht gibt. Wer keinen Unterricht hat, der kann weder was, noch versteht er was. Nun, man findet nur Nachteile und Unwissenheit. Keiner versteht sich mit dem anderen. Und was wird daraus? Alles bleibt, wie es ist."

„Was machen die Kinder auf der Plantage? Was machen die Jungen und was die Mädchen?"

„Die Jungen und die Mädchen machen alle das gleiche. Sie bewässern, jäten Unkraut, binden die Tomaten, versorgen sie, setzen Stöcke für die Pflanzen, pflanzen Paprika und Tomaten und pflücken sie. Und sie arbeiten mit Gift, sehr gefährlichem Gift. Das sind wirklich gefährliche Gifte, die da verkauft werden. Die Kinder kommen nach Hause und haben die Hände voll mit Flecken und richtig klebrige Kleider von dem Gift. Die Kinder sind am Anfang einer Vergiftung. Sie magern ab, ganz gleich, ob sie essen oder nicht. In all dem sieht man nur Nachteile. Aber man kann nicht abhauen, denn der Weg ist der, daß wir sterben, bei der Arbeit."

„Kennen Sie, Senhor, viele Kinder, die hier arbeiten?"

„Ja, ich kenne viele Kinder, die in den Plantagen arbeiten ... Manchmal gibt es einige, die durch das Gift verletzt wurden und die Plantage verlassen. Sie gehen nach Bonito, Caruaru oder Recife, um sich helfen zu lassen. Ich selbst bin schon zweimal durch das Gift geschädigt worden. Das Aldrin! Aldrin 50! Ich habe es zubereitet, ohne mich zu schützen. Ich hab' es angefaßt. Heute sind meine Gelenke verkrüppelt. Ich fühle Schmerzen in den Gelenken. Ja, und ich beklage mich nur über das Gift, das ich fertiggemacht habe. Wer im Gemüse arbeitet, kommt auf alle Fälle mit Gift in Berührung. Denn das Gemüse bleibt naß, die Kinder laufen hindurch, machen ihre Kleider naß, die Hände und die Füße."

Daß Kinder gezwungen sind, so das nötige Geld zu verdienen? Später erkundige ich mich, mit welcher Art von Pflanzenschutzmitteln die Menschen auf den Tomatenplantagen umgehen:

Das Insektizid „Aldrin 50" wird heute noch in vielen Ländern der Dritten Welt verwendet und auf Plantagen als Spritzmittel gegen Engerlinge, Drahtwürmer, Gemüsefliegen oder Heuschrecken eingesetzt. In Schweden, den USA und in der Bundesrepublik Deutschland ist es aus zwei Gründen verboten: Erstens wegen seiner hohen Giftigkeit und zweitens, weil es kaum abgebaut wird, Krebs erzeugt und zu starken Leberschädigungen führt. Unter derartigen Zuständen zu arbeiten, ist hart, unverantwortlich und unmenschlich.

„Arbeiten die Kinder nur auf den Tomatenplantagen?"
„Sie arbeiten auch auf anderen Plantagen. Aber Kaffeeplantagen zum Beispiel sind selten, es gibt wenig Kaffee. Sie reichen nicht für alle zum Arbeiten. Die meiste Arbeit ist auf den Gemüseplantagen."
„In welcher Jahreszeit wird am meisten gearbeitet?"
„Im Winter. Im Winter kann man etwas verdienen. Im Sommer fehlt die Arbeit."

Senhor Félix beklagt die miserablen Verhältnisse auf dem Land, er beklagt die Armut und die Unterdrückung, und er beschuldigt die Regierung wegen ihrer Politik für die Reichen. Von dieser Regierung hätten die Armen nichts zu erwarten.

„Nur wenn sich die armen Bauern gegen die Mächtigen zusammenschließen, erreichen sie etwas", sagt er. Doch er weiß auch um die Angst der Bauern in seiner Nachbarschaft, er kennt ihre Probleme. Die Gefahr, landlos oder arbeitslos zu werden, ist zu groß. Keiner kann es sich erlauben, den Mund aufzumachen, denn die Fazendeiros sitzen am längeren Hebel. Aber sein Ziel läßt Senhor Félix nicht aus den Augen.

„Was ich glaube", meint er, „ist, daß das Volk begreifen müßte, daß es nur besser wird, wenn alle sich vereinigen. Das einzige Mittel, das dem Volk eine Verbesserung bringen würde, wäre die Arbeit in der Gemeinschaft."

Bestandsaufnahme: Im „Schwellenland" Brasilien

Kinder in Tomaten- und Kaffeeplantagen; Kinder im Zukkerrohr; Kinder als Papier- oder Eisensammler; Kinder als Nachtschichtarbeiter; Kinder, die nicht mehr zu Hause wohnen; Kinder, die auf der Straße schlafen. Kinder, die betteln und stehlen müssen. Kinder, die im Müll wühlen. Kinder, denen das Recht auf Kindheit genommen wurde:

Wie kommt es zu dieser Misere? Welches Ausmaß hat sie, wieviel Kinder gibt es, die unter solch elenden Umständen in Brasilien leben?

Wenn die „Internationale Arbeitsorganisation" in Genf (ILO) angibt, daß auf der Welt 142 Millionen Kinder arbeiten, dann sind bestimmt noch nicht alle Kinderarbeiter erfaßt. Wahrscheinlich ist das nur die Spitze des Eisbergs. Und wenn in Brasilien das staatliche Statistikinstitut IBGE angibt, daß dort zur Zeit etwa zwei Millionen Kinder im Alter von zehn bis vierzehn Jahren auf dem Land und in der Stadt arbeiten, dann ist das bestenfalls die Andeutung einer Misere, deren Bekanntwerden im tatsächlichen Ausmaß die Regierung mit allen Mitteln zu unterdrücken versucht.

Ein anderes bedeutendes Institut kam zu dem Ergebnis, daß bereits 1975 von 21 Millionen Beschäftigten in der Landwirtschaft 21 Prozent Kinder unter fünfzehn Jahren waren. In der Tendenz war der Kinderanteil seit 1950 fast durchgehend angestiegen, wie die folgende Tabelle zeigt:

In der Landwirtschaft beschäftigte Personen

Jahr	Insgesamt	Kinder unter 15 Jahren	
		Anzahl	In Prozent
1950	10.996.834	1.894.278[1]	17,23%
1960	15.633.985	2.980.422	19,06%
1970	17.582.089	2.900.330	16,50%
1975	21.054.199	4.481.500	21,29%

Quelle: Censos Agricolas, zitiert nach Alberto Passos Guimaracs, A Crise
Agrária, Rio de Janeiro 1979, S. 257

[1] Kinder unter 16 Jahren

Wie wir sehen, sind also viereinhalb Millionen der in der
Landwirtschaft Beschäftigten Kinder unter fünfzehn
Jahren. Wie es in den Städten Brasiliens aussieht, ist nicht
bekannt. Eine staatliche Studie (PNAD) geht 1976 in ihren Statistiken davon aus, daß 62 Prozent der Kinderarbeiter zwischen zehn und vierzehn Jahren auf dem Land
arbeiten und 38 Prozent aller arbeitenden Kinder in der
Stadt beschäftigt sind. Überträgt man diese Prozentzah-
len auf die Angaben aus der vorhergehenden Tabelle,
dann könnte das bedeuten, daß die 4,5 Millionen auf dem
Land arbeitenden Kinder 62 Prozent der brasilianischen
Kinderarbeiter ausmachen. Aus den Städten käme noch
der Anteil von 38 Prozent hinzu: das wären 2,7 Millionen.
Also hätten 1975 etwa 7,2 Millionen Kinder unter fünfzehn Jahren in Brasilien gearbeitet. Ein Anstieg auf heute
etwa zehn Millionen Kinderarbeiter ist durchaus denkbar.

Nach dem rechten Militärputsch am 1. April 1964 wurden den ausländischen, internationalen Konzernen alle
Türen geöffnet. Brasilien gehört seitdem zu den Ländern
der Dritten Welt, in die das ausländische Kapital mit Vor-
liebe investiert. Überall in den Metropolen leuchtet die
Werbung der Philips und Nestlé, Volkswagen und Mercedes, General Motors und wie sie alle heißen, bis weit ins

Land hinein. Noch in den letzten Winkel Brasiliens dringt heute die Industrialisierung der Städte und der Landwirtschaft.

Aus einem Prospekt der „Deutsch-brasilianischen Industrie- und Handelskammer": „34 mal größer als die Bundesrepublik, ist Brasilien ein Investitionsstandort mit Phantasie. Brasilien hat mehr billige Arbeitskräfte, mehr industriell geeignete Flächen und weniger Umwelteinschränkungen, als Sie erwarten. Das Investitionsklima ist liberal: Im rohstoffreichen Brasilien sind ausländische Investoren und ihr Know-how noch willkommen. (. . .) Brasilien will Wirtschaftswachstum und setzt auf die Zukunft. Die hohen Inflationsraten werden in Kauf genommen. Mehrere Gesetze sorgen dafür, daß die Unternehmen damit leben können."

So ist es. Der Gesetzesapparat fördert Investitionen und Kapitalisierung – oder besser ausgedrückt, die Unterordnung großer Teile der Bevölkerung und die Ausbeutung der Natur. Deshalb ist leicht zu verstehen, warum Brasilien für die deutsche Wirtschaft das Hauptanlageland der Dritten Welt ist.

Aber schon längst beuten die europäischen und nordamerikanischen Unternehmen nicht nur billig die Rohstoffe des Landes aus. Konzerne wie Nestlé und Volkswagen setzen seit langem auf die Viehwirtschaft. Riesige Flächen des Amazonasurwaldes werden aufgekauft, niedergebrannt, gerodet und in Weideland umgewandelt. Oft erlangen die Konzerne die Weideflächen einfach dadurch, daß die Kleinbauern, die die Regierung vor einigen Jahren in den Amazonas geschickt hatte, nun kurzerhand von ihrem Land vertrieben werden. Legal oder illegal, ganz gleich.

Billige Arbeitskräfte finden sich dann allemal. Die Not zwingt die vertriebenen Bauern und Landarbeiter, jede Arbeit anzunehmen. Oft werden sie dabei betrogen, da viele nicht lesen und schreiben können. Von falschen Versprechungen geleitet, unterzeichnen sie Arbeitsverträge mit niedrigster Entlohnung. Hier und da wird gar von Sklaverei berichtet.

Sklavenhaltung für VW-Werk?

BRASILIA, 10. Mai (AFP). Rund 600 Arbeiter auf einer dem brasilianischen Volkswagen-Werk gehörenden Plantage in Ost-Amazonien sollen „wie Sklaven" gehalten werden. Diesen Vorwurf erhob der Priester Ricardo Rezende, Mitglied einer der brasilianischen Bischofskonferenz nahestehenden Kommission, am Wochenende. Die Hilfsarbeiter, die auf der Plantage rund 56 000 Hektar urbar machen, werden nach Zeugenbrichten „mit Gewalt auf der Plantage festgehalten und von Vorarbeitern geschlagen". Außerdem seien laut einem Untersuchungsbericht Menschen umgebracht und in den Fluß geworfen worden, dieser Bericht soll an die brasilianischen Behörden und die bundesdeutsche Direktion des VW-Werks gerichtet werden. Die VW-Direktion in Sao Paulo meinte zu diesen Vorwürfen, daß — sollten sie sich als richtig herausstellen — die Firma dafür nicht verantwortlich gemacht werden könne. Auswahl und Unterhalt der Arbeiter habe man Unterfirmen überlassen. Man habe aber eine Untersuchung eingeleitet.

Aus: „Frankfurter Rundschau" vom 11.5.1983

Eine ungeheure Verarmung breiter Bevölkerungsschichten wurde durch die Landvertreibungen hervorgerufen. Wanderungen in die bereits überfüllten Großstädte finden statt. Riesige Menschenmassen ziehen durch das ganze Land in der Hoffnung, irgendwo Arbeit und Brot zu finden. Die brasilianische Bischofskonferenz sprach 1982 von 30 Prozent Arbeitslosen und Unterbeschäftigten. Nach neueren Umfragen der Kirche geht man bereits von 50 Prozent aus.

Alle Fotos: Uwe Pollmann

Viele sind gezwungen, die ganze Familie zu mobilisieren, um über den Tag zu kommen. Aber auch der, der in Brasilien einen Arbeitsplatz findet, muß damit nicht unbedingt glücklich sein. Was hatte doch die deutsch-brasilianische Industrie- und Handelskammer den deutschen Firmen in ihrem Prospekt versprochen: „Brasilien hat mehr billige Arbeitskräfte, als Sie erwarten."

In den letzten dreißig Jahren ist der reale Mindestlohn eines großen Teiles der Bevölkerung ständig gefallen. Während Millionen unter ungenügenden, unmenschlichen Bedingungen leben und für ihre Arbeit unterbezahlt werden, erlauben sich einige wenige ein unglaublich hohes Lebensniveau.

Arbeitslose plündern Läden

SAO PAULO, 29. September (AFP). Nach der Plünderung von 16 Supermärkten und Lebensmittelläden in Sao Paulo sind am Mittwoch 21 Personen festgenommen worden. Sie sind — wie Gouverneur Franco Montoro dem in seiner Stadt zu Besuch weilenden Staatschef General Joao Figueiredo erläuterte — ausnahmslos ohne Anstellung.

Die Plünderer, denen zwischen zwei und acht Jahren Gefängnis drohen, ließen — wie bei den meisten Vorfällen dieser Art der letzten Monate in den von der Wirtschaftskrise besonders stark betroffenen Städten — vor allem die Grundnahrungsmittel Reis und Bohnen mitgehen. Am Dienstagabend war ein arbeitsloser Maurer in einem Supermarkt in Sao Paulo von der Polizei erschossen worden. Am Mittwoch wehrten Ordnungskräfte die Plünderungen von drei Geschäften ab und wurden dabei mit Steinwürfen angegriffen.

Aus: „Frankfurter Rundschau" vom 30.9.1983

Die Verteilung der Einkommen in Brasilien

	1960	1970	1980
20% Ärmsten	3,9	3,4	2,8
5% Ärmsten	17,4	14,9	12,6
10% Reichsten	39,6	46,7	50,9
5% Reichsten	28,3	34,1	37,9
1% Reichsten	11,9	14,7	16,9

Quelle: Luiz C. Bresser Pereira, Economia Brasileira, São Paulo 1982, S. 79

Mit Hilfe der Regierung wurden die Armen ärmer und die Reichen reicher. Ungerechte Einkommensverteilung, Unterbezahlung, steigende Arbeitslosigkeit, Verelendung und Verarmung sind die Ergebnisse einer Politik, hinter der mächtige Weltmarktkräfte stehen: die multinationalen Konzerne. Internationale Banken sekundieren und gutbezahlte Machthaber sorgen für Ruhe und Ordnung.

Ein Land, das der ausländischen Industrie soviel Freiräume läßt und anbietet, die Kosten der Ausbeutung selbst zu übernehmen, verschuldet sich notwendigerweise. Große Staudämme, die den Multinationalen billige Energie liefern und andere riesige Projekte, ließen den Schuldenberg Brasiliens schwindelerregend anwachsen. Mitte 1984 steht das Land mit 110 Milliarden Dollar Auslandsschulden in der Kreide.

Seit 1982 gewährt der Internationale Währungsfonds (IWF) Dollarkredite in Milliardenhöhe, die allerdings nur dazu beitragen, die Zinsen der Schulden zu bezahlen. Der angebliche Hüter des Währungsgleichgewichts arbeitet wie ein blutsaugender Vampir. Die stark amerikanisch beherrschte Einrichtung stellte harte Bedingungen. Eine davon besagt, daß die Löhne nicht mehr so stark steigen sollen. Eigentlich ein Witz, denn ohnehin läuft der Lohn den Preissteigerungen seit Jahren hinterher:

1969 war ein Mindestlohn noch soviel wert wie 89 Kilogramm Fleisch oder 130 Kilogramm Bohnen. 1982 bekam man dafür nur noch 25 Kilogramm Fleisch oder 73 Kilogramm Bohnen. Und ein Jahr später konnte sich eine Familie, die diesen Mindestlohn verdiente, entweder noch 13 Kilogramm Fleisch oder 30 Kilogramm Bohnen im Monat kaufen. Nur ein Kilogramm Bohnen pro Tag — ohne Brot, ohne Milch, ohne Reis, ohne eine Tomate, ohne ein bißchen Gemüse.

Ist es da ein Wunder, wenn Millionen von brasilianischen Kindern hungern oder am Hunger sterben? Ist es ein Wunder, wenn die Hälfte der schulpflichtigen Kinder nicht zur Schule gehen kann, weil viele Eltern das Schulgeld nicht aufbringen können und ihre Kinder arbeiten müssen? Die Ernährungsverhältnisse in Brasilien sind heute schlechter als während der Kolonialzeit. Die Sklaven im brasilianischen Nordosten waren zu früheren Zeiten weit besser ernährt als zum Beispiel heutzutage ein Zuckerrohrarbeiter, der die gleiche Arbeit verrichtet.

Was aber können wir dagegen tun, daß Kinder in Zuckerrohrfeldern arbeiten, auf Gemüseplantagen mit Gift umgehen, in Töpfereien und Ziegeleien schwere Lasten tragen, Wirbelsäulenschäden erleiden, keine Möglichkeit haben, zur Schule zu gehen, nachts auf Autos aufpassen. Was kann gegen die physischen und psychischen Schäden getan werden? Hilft es allein, die Kinderarbeit zu verbieten?

Die meisten Länder haben Gesetze gegen die Kinderarbeit erlassen. Das ist allerdings noch kein Ausweg. Die Ausbeutung der Kinder läßt sich nicht kurzerhand abschaffen, wenn die Familien auf die Hilfe ihrer Kinder angewiesen sind. Die Internationale Arbeitsorganisation (ILO) hat für Lateinamerika empfohlen, der Kampf gegen die Kinderarbeit solle beim pädagogischen Einwirken auf die Eltern beginnen. Ihnen will man verständlich machen, daß die Arbeit der Kinder leichter und der Arbeitstag kürzer sein sollte.

Aber die ILO vergißt, daß die wirtschaftlichen Verhältnisse in Ländern wie Brasilien nicht so sind, daß die Familie einfach auf die Kinderarbeitskraft verzichten kann. Sie kann es erst dann, wenn der Vater einen höheren Lohn bekommt oder wieder eingestellt wird. Aber die ausländischen Firmen, die in Brasilien investieren, scheren sich nicht um die Schicksale der Familien, deren Väter sie unterbezahlen oder entlassen. Multinationale Konzerne wie VW oder Mercedes legen Wert auf den Profit, die Vergrößerung ihrer Einnahmen oder die Ausdehnung des Betriebes. Die Leiden der Menschen sind einkalkuliert. Das dürfen wir nicht zulassen!

Kinderarbeitsgesetze — Warum das alte Preußen und das heutige Brasilien sich so ähnlich sind

In Preußen tritt im Jahre 1839 der erste beschränkte Arbeitsschutz in Kraft. Die regelmäßige Arbeit von Kindern unter neun Jahren in Fabriken, Berg- und Hüttenwerken wird verboten. Jugendliche unter 16 Jahren dürfen nur noch beschäftigt werden, wenn sie einen dreijährigen regelmäßigen Schulunterricht nachweisen oder ein Zeugnis ihnen bestätigt, daß sie die „Muttersprache geläufig lesen" können und „einen Anfang im Schreiben gemacht" haben. 1853 wird das erlaubte Anfangsalter für Kinderarbeiter auf 12 Jahre heraufgesetzt und der Arbeitstag auf 10 Stunden beschränkt. Die Kinderarbeit selbst war damit in Preußen und im späteren Deutschen Reich noch längst nicht abgeschafft.[1]

In Brasilien tritt 1920 eine Bestimmung in Kraft, die für Jugendliche unter 18 Jahren die Nachtarbeit und für Kinder bis 14 Jahren jedwede Arbeit verbietet. 1943 wird den gesetzlichen Schutzbestimmungen hinzugefügt, daß Jugendliche keine schädlichen und gefährlichen Dienste verrichten dürfen, und 1946 werden sogar die Lohnunterschiede von Arbeitern unter und über 18 Jahren aufgehoben.

Am 20. November 1959 wird die „Charta des Kindes" einstimmig von der Vollversammlung der Vereinten Nationen beschlossen und somit auch in Brasilien Gesetz. Bereits auf dem IX. Pan-Amerikanischen Kongreß des Kindes 1948 hatten die Staaten des amerikanischen Kontinents eine „Erklärung der Rechte der Minderjährigen"

---

1 Kuczynski, Jürgen: Studien zur Geschichte der Lage des arbeitenden Kindes in Deutschland von 1700 bis zur Gegenwart. Berlin 1968.
Johansen, Erna M.: Betrogene Kinder — Eine Sozialgeschichte der Kindheit. Frankfurt am Main 1978.

verabschiedet. Beide Erklärungen verurteilen die Ausbeutung oder Ausnutzung der kindlichen Arbeitskraft und rufen dazu auf, dem Kind besondere Fürsorge und Schutz zu gewähren.

Doch anstatt die wirtschaftlichen und sozialen Verhältnisse in diesem Sinne zu verändern, wird das Elend der Kinder mißachtet und vergessen. Geld und Profitstreben bestimmen die Politik. Die internationalen Banken und Konzerne begrüßen den brasilianischen Militärputsch 1964, der das Land für sie zu einem Investitionsparadies werden läßt. Das Elend der brasilianischen Kinder wächst, und drei Jahre nach dem Putsch treten neue Bestimmungen in Kraft, die der Einfachheit halber das Gesetz der sozialen Misere angleichen: Seit 1967 ist Kinderarbeit wieder ab 12 Jahren erlaubt, und zusätzlich ist ein „Minderjährigenlohn" eingeführt worden. Zwar macht das neue Gesetz eine kleine Einschränkung und verlangt von den unter 15jährigen die Garantie, daß die Schule besucht wird und die Arbeiten leicht sind und nicht die Gesundheit und die normale Entwicklung stören. Nur: Welche Kinder haben bei 40 oder 50 Stunden Arbeit in der Woche noch die Zeit, eine Schule zu besuchen?

Der neu eingeführte Minderjährigenlohn, der auf die Hälfte des gesetzlichen Mindestlohns von 200 DM (1982) festgelegt ist, trägt zusätzlich zum „arrocho salarial", zum Lohnknebel, zum erhöhten Lohndruck bei. Schon gleich nach dem Putsch 1964 sollten die Arbeiter erfahren, was die neue Lohnpolitik der Militärs bedeutete: Auf der einen Seite war sie die Basis des Wirtschaftswunders, auf der anderen der Beginn der Verarmung breiter Massen.

Das Kinderarbeitsgesetz des alten Preußen ist in Brasilien zu einer traurigen Neuauflage gekommen. Anstatt Elend und weitere Verarmung und damit auch die Ausbeutung der Kinderarbeitskraft zu verhindern, hat sich das Land den internationalen Banken und Konzernen ausgeliefert. Sie bestimmen, was gemacht werden soll, und die Militärs führen es aus. Die Kinder haben keine Lobby und keine Stimme. Sie bleiben stumm.

abandonado	verlassen, ausgesetzt
biscate	Gelegenheitsjob
cocada	Süßigkeit aus Kokos
cruzeiro	brasilianische Währung; Mitte 1982: 100 Cruzeiros = 1 DM; April 1984: 100 Cruzeiros = 0,20 DM
empregada	Hausangestellte
farinha	einfaches, grobkörniges Maniokmehl
favela	Elendsviertel
fazenda	Großgrundbesitz
FEBEM	„Stiftung für das Wohlergehen Minderjähriger" (Fundação do Bem-Estar do Menor)
feijão	Bohnen; Hauptgericht der Brasilianer
FETAPE	Föderation der Landarbeiter Pernambucos (Federação dos Trabalhadores Rurais de Pernambuco)
gaiamum	Krebs
inhame	Jamswurzel
INPS	Nationales Institut für Sozialvorsorge (Instituto Nacional de Prevedência Social)
maloqueiro	Strolch
registro	Anmeldebescheinigung des Einwohnermeldeamtes, die einen halben bis ganzen Wochenlohn eines Kinderarbeiters kostet

salário mínimo	gesetzlich festgelegter Mindestlohn, der Mitte 1982 bei 200 DM lag; Mitte 1984 bei 150 DM
sítio	kleines Landgut
tapioca	in der Pfanne gebackener Maniokkuchen
um trocadinho	ein wenig Kleingeld

Die Charta des Kindes

Grundsatz 1

Das Kind erfreut sich aller in dieser Erklärung enthaltenen Rechte. Ohne jede Ausnahme und ohne Unterscheidung oder Benachteiligung durch Rasse, Hautfarbe, Geschlecht, Sprache, Religion, politische oder sonstige Überzeugung, nationale oder soziale Herkunft, Eigentum, Geburt oder sonstige Umstände, sowohl hinsichtlich seiner selbst wie seiner Familie, hat das Kind auf diese Rechte Anspruch.

Grundsatz 2

Das Kind genießt besonderen Schutz; ihm werden Gelegenheiten und Erleichterungen durch Gesetz und auf andere Weise gegeben, sich gesund und natürlich in Freiheit und Würde körperlich, geistig, moralisch, seelisch und sozial zu entwickeln. Das Beste des Kindes ist für diese Gesetzgebung bestimmend.

Grundsatz 3

Das Kind hat Anspruch auf einen Namen und eine Staatsangehörigkeit von Geburt an.

Grundsatz 4

Das Kind erfreut sich der Wohltaten der sozialen Sicherheit. Es ist berechtigt, in Gesundheit heranzuwachsen und zu reifen; deshalb werden ihm und seiner Mutter besondere Fürsorge und Schutz gewährt, einschließlich angemessener Pflege vor und nach der Geburt. Das Kind hat das Recht auf ausreichende Ernährung, Wohnung, Erholung und ärztliche Betreuung.

Grundsatz 5

Das Kind, das körperlich, geistig und sozial behindert ist, erhält diejenige besondere Behandlung, Erziehung und Fürsorge, die sein Zustand und seine Lage erfordern.

Grundsatz 6

Das Kind bedarf zur vollen und harmonischen Entwicklung seiner Person der Liebe und des Verständnisses. Es wächst, soweit irgend möglich, in der Obhut und der Verantwortung seiner Eltern, immer aber in einer Umgebung der Zuneigung und moralischer und materieller Sicherheit auf; in zartem Alter wird das Kind nicht von der Mutter getrennt, außer durch ungewöhnliche Umstände. Gesellschaft und öffentliche Stellen haben die Pflicht, alleinstehenden und mittellosen Kindern verstärkte Fürsorge angedeihen zu lassen. Staatliche und anderweitige Unterstützung kinderreicher Familien ist wünschenswert.

Grundsatz 7

Das Kind hat Anspruch auf unentgeltlichen Pflichtunterricht, wenigstens in der Volksschule. Ihm wird eine Erziehung zuteil, die seine allgemeine Bildung fördert und es auf der Grundlage gleicher Möglichkeiten in den Stand setzt, seine Anlagen, seine Urteilskraft, sein Verständnis für moralische und soziale Verantwortung zu entwickeln und zu einem nützlichen Glied der menschlichen Gemeinschaft zu werden. Das Beste des Kindes ist der Leitgedanke für alle, die für seine Erziehung und Führung Verantwortung tragen; diese liegt zuallererst bei den Eltern. Das Kind hat volle Gelegenheit zu Spiel und Erholung, die den gleichen Erziehungszielen dienen sollen; Gesellschaft und Behörden fordern die Durchsetzung dieses Rechtes.

Grundsatz 8

Das Kind ist in allen Notlagen bei den ersten, die Schutz und Hilfe erhalten.

Grundsatz 9

Das Kind wird vor Vernachlässigung, Grausamkeit und Ausnutzung jeder Art geschützt. Es ist in keinem Fall Gegenstand eines Handels. Das Kind wird erst nach Erreichung eines geeigneten Mindestalters zur Arbeit zugelassen; nie wird es gezwungen oder wird ihm erlaubt, einen Beruf oder eine Tätigkeit auszuüben, die seiner Gesundheit oder Erziehung schaden oder seine körperliche, geistige oder moralische Entwicklung hemmen.

Grundsatz 10

Das Kind wird vor Handlungen bewahrt, die rassische, religiöse oder andere Herabsetzung fördern. Es wird erzogen in einem Geist des Verstehens, der Duldsamkeit, der Freundschaft zwischen den Völkern, des Friedens, weltumspannender Brüderlichkeit und in der Vorstellung, daß seine Kraft und Fähigkeiten dem Dienst an seinen Mitmenschen zu widmen sind.

Beschlossen von der Generalversammlung der Vereinten Nationen am 20. November 1959